Integrative Tools für die Team- und Organisationsdiagnose

Sabine Pelzmann
Bettina Strümpf

Integrative Tools für die Team- und Organisations-diagnose

Wirksam beraten

2., erweiterte Auflage

Sabine Pelzmann
Graz, Österreich

Bettina Strümpf
Horn, Österreich

ISBN 978-3-658-19830-5 ISBN 978-3-658-19831-2 (eBook)
https://doi.org/10.1007/978-3-658-19831-2

Die Deutsche Nationalbibliothek verzeichnet diese Publikation in der Deutschen Nationalbibliografie; detaillierte bibliografische Daten sind im Internet über http://dnb.d-nb.de abrufbar.

Gedruckt auf säurefreiem und chlorfrei gebleichtem Papier

Springer ist Teil von Springer Nature
Die eingetragene Gesellschaft ist Springer Fachmedien Wiesbaden GmbH
Die Anschrift der Gesellschaft ist: Abraham-Lincoln-Str. 46, 65189 Wiesbaden, Germany

Vorwort

» Wir verwenden im Text die männlichen oder die weiblichen Endungen und sprechen als Autorinnen damit immer beide Geschlechter an.

Wenn wir zu zweit ein Buch über Integrative Tools für Organisationsdiagnose schreiben, hat das natürlich seine Gründe.

Wir arbeiten beide als Unternehmensberaterinnen und Supervisorinnen sowohl in Profit als auch Non-Profit-Organisationen und wurden beide durch dieselbe Ausbildung im Hinblick auf integrative Supervision geprägt.

Der integrative Ansatz ist Basis unserer Arbeit, wir haben den integrativen Ansatz in unsere Beratung in Organisationen hineingetragen und dokumentieren mit diesem Buch unsere Erfahrungen und die integrativen Tools, die wir mit Erfolg in der Organisationsberatung verwendet haben.

Unser Selbstverständnis als Organisationsberaterinnen wurde wesentlich durch unsere integrative Ausbildung an der Donau Universität Krems geprägt, wir beide kommen aus nicht betriebswirtschaftlichen, nicht sozialpsychologischen Grundberufen und es geht uns darum, unsere Arbeit als Organisationsberaterinnen und Supervisorinnen konzeptionell und theoretisch zu reflektieren und weiterzuentwickeln.

Wir beginnen mit theoretischen Konzepten des integrativen Ansatzes und mit für uns sehr wesentlichen Tools zur Organisationsdiagnose, die für uns die Basis von Organisationsberatung in Organisationen bilden. Wir beide verstehen dieses Buch als eine Art „living paper", als einen Prozess, in dem wir Ihnen von uns ausgewählte integrative Tools, die im praktischen Einsatz Erfolg gezeigt haben, vorstellen. Wir stellen keinen Anspruch auf Vollständigkeit und es ist gut möglich, dass wir diesen Prozess des gemeinsamen Weiterentwickelns von integrativen Tools für die Organisationsberatung fortsetzen.

Dieses Buch ist als Handbuch und Nachschlagewerk für Organisationsberaterinnen und Supervisoren gedacht und versteht sich als Impuls, integrative Tools zur Organisations- und Teamdiagnoseberatung einzusetzen.

Die Lektüre soll für die Methodik der Organisations- und Teamdiagnose sensibilisieren, vor allem möchten wir zum Nachdenken über die Wichtigkeit von Design und Methodik auf Basis beraterischer Grundhaltungen im Rahmen von Organisationsentwicklungen anregen. Unser Anliegen ist es, mit diesem Buch, mit der Beschreibung der integrativen Tools zur Organisationsdiagnose, die Kraft und Potenziale der „weichen" Faktoren und sogenannten „blinden Flecken" der Organisation aufzuzeigen. Wir wollen die mentalen Tiefendimensionen, die sich im Zuge von Organisationsentwicklungsprozessen auftun, erfassbar und beschreibbar machen.

Was wir nicht wollen, ist, einen technokratischen Einsatz von integrativen Tools in der Organisationsentwicklung zu forcieren, wesentlich für den Einsatz von Instrumenten ist für uns die grundsätzliche integrative Haltung der Berater.

Selbstverständlich hat jeder Supervisor, jede Supervisorin, jeder Organisationsberater, jede Organisationsberaterin vor dem Einsatz eines Tools zu entscheiden, ob die Voraussetzungen gegeben sind, dieses Tool in dieser Organisation im gegebenen Kontext sinnvoll eingesetzt werden kann.

Für uns soll Organisationsentwicklung Transformation im Unternehmen bewirken, deshalb spielt das „warum" und das „wie" der Organisationsveränderungen eine immer größere Rolle. Integrative Tools ermöglichen das Lernen von Organisationen und Organisationsmitgliedern. Diese Tools können sowohl alleine, als auch in Kombination mit Expertenberatung angewandt werden.

Zum Aufbau des Buches

Zunächst legen wir unseren Zugang zu Organisationsentwicklung und die Prinzipien der integrativen Arbeit dar. Dann beschreiben wir die integrative diagnostische Grundhaltung, die für uns die Basis einer gelungenen beraterischen Arbeit ist. Danach gehen wir auf die Vorgangsweise und Aspekte der Organisationsdiagnose ein und legen einen Schwerpunkt auf die Aspekte, Kommunikation, Konflikt und Macht, als Basisfolien der Organisations- und Teamdiagnose.

Schließlich stellen wir ausgewählte Instrumente und Methoden zur Team- und Organisationsdiagnose vor.

Wir sehen im Sinne der Integrativen Haltung das Verstehen von Prozessen als wichtigste methodische Intervention an, ebenso wie das Streben nach Exzentrizität und Mehrperspektivität. Uns geht es keinesfalls um Tools als Patentlösungen für komplexe Interventionen. Es ist eine Frage des Prozesses, welche Tools eingesetzt werden. Eine umfassende Situationsdiagnose ist die Basis für den Einsatz von Werkzeugen. Welches Medium, welches Tool in der Beratung in welchem Kontext, in welcher sozialen Situation und zu welchem Zeitpunkt eingesetzt werden soll, kann nur aus dem situativen Kontext heraus entschieden werden. Dies macht die Kenntnis von Wirkweisen und Werkzeugen notwendig, damit sie intuitiv richtig im Zusammenhang von situativ wahrgenommener Information und vorheriger Erfahrung eingesetzt werden können.

Zur 2. erweiterten Auflage

Für die hier vorliegende 2. Auflage des Buches haben wir Rückmeldungen und weitere Praxiserfahrungen einfließen lassen. Diese Auflage ist inhaltlich erweitert um die Kapitel „Der integrative, mehrperspektivische Dynamic Systems Approach" und „Reflexives Management". Weiterhin haben wir neue Tools aufgenommen, sodass nun insgesamt 30 Tools für den Praxiseinsatz vorgestellt werden.

Sabine Pelzmann
Bettina Strümpf
Graz/Horn, im Herbst 2017

Inhaltsverzeichnis

Abbildungsverzeichnis

Tabellenverzeichnis

Unser Zugang zu Organisationsentwicklung

S. Pelzmann, B. Strümpf, *Integrative Tools für die Team- und Organisationsdiagnose*,
https://doi.org/10.1007/978-3-658-19831-2_1

Das Feld der Organisationsentwicklung befindet sich im deutschsprachigen Raum in einer rasanten Entwicklung. Organisationsentwicklung wird in der Wirtschaft, in Profit-Organisationen und in Non-Profit-Organisationen, im Gesundheitswesen und in Schulen als Intervention eingesetzt.

Die größte Herausforderung heutiger Organisationen aus unserer Sicht ist es, lernfähig zu werden. Das bedeutet für uns als Organisationsberaterinnen, Tools zu verwenden, die die Reflexion und den Erfahrungsaustausch von Führungskräften und Mitarbeiterinnen und Mitarbeitern in der Organisation anregt.

Deshalb können wir mit den beiden im Folgenden genannten Definitionen zu Organisationsentwicklung gut mitgehen.

Eine immer noch gängige Definition ist die von French und Bell (1995, S. 31).

Organisationsentwicklung

Organisationsentwicklung ist eine langfristige Bemühung, die Problemlösungs- und Erneuerungsprozesse in der Organisation zu verbessern, vor allem durch eine wirksamere und auf Zusammenarbeit gegründete Steuerung der Organisationskultur – unter besonderer Berücksichtigung der Kultur formaler Arbeitsteams – durch die Hilfe eines Organisationsentwicklungsberaters oder Katalysators und durch Anwendung der Theorie und Technologie der angewandten Sozialwissenschaften unter Einbeziehung von Aktionsforschung.

Organisationsentwicklung ist eine Antwort auf den Wandel, eine umfassende andragogische Strategie, die darauf ausgerichtet ist, Anschauungen, Einstellungen, Werte und Strukturen von Organisationen zu verändern, sodass sie sich besser an neue Technologien, Umweltgegebenheiten und Ansprüche, sowie das hohe Ausmaß des Wandels selbst anpassen können (Bennis 1972, S. 2).

Veränderungsprozesse in Organisationen sind nicht linear planbar und vorhersehbar (Heitger und Doujak 2002, S. 51 f.):

Um diesem Ausmaß an Offenheit und Nichtplanbarkeit adäquat Sicherheit und Stabilität entgegenzusetzen, brauchen Veränderungsprozesse stabile Interventions- und Steuerungsarchitekturen, also Gefäße, in denen Diagnose- und Entscheidungsarbeit als kontinuierlicher Prozess geleistet werden kann. Die Spannung zwischen klaren Zielen und vereinbarten Messgrößen und der Veränderung als offenen Prozess bleibt die ganze Veränderungszeit über aufrecht. Immer wieder brauchen Veränderungsdynamiken und Interventionen Diagnosen und Feedbackschleifen an unterschiedlichen Orten der Organisation und in unterschiedlichen Settings für die unterschiedlichen Rollen der Organisation.

Veränderung und Entwicklung in Organisationen bedeutet immer auch, von Vertrautem Abschied zu nehmen, und verlangt Identitätsarbeit. Das Thema „Identität" wird immer wieder als Beratungsthema im Rahmen komplexer organisatorischer Zusammenhänge genannt. Im Rahmen der Organisationsdiagnose erfolgt eine Selbstreflexion der Organisation, die sowohl die „harten" Fakten der Organisation, wie das Selbstverständnis, die Identität der Organisation, umfasst.

Organisationale Veränderungen sind nicht direkt linear steuerbar. Eine Organisation kann zwar Veränderungen beeinflussen und gestalten, doch das hängt immer von komplexen Abläufen wechselseitiger Zusammenhänge ab, die nicht vorhersehbar oder kontrolliert sind (Pelzmann-Knafl 2006, S. 59 f.).

Komplexe organisationale Veränderungen lösen als Intervention große Irritationen im System aus. Berater und Coaches sind als Intervenierende selbst zugleich Teil des Systems und spüren an sich selbst die Resonanz und Spannungsfelder, die sie miterzeugt haben (Pelzmann-Knafl 2006, S. 59 f.).

▪ Gibt es einen Unterschied zwischen Organisationsentwicklung und Supervision?

Für Rappe-Giesecke (2009) besteht der Unterschied zwischen Organisationsberatung und Supervision darin, dass in der Supervision an der Identität und der Selbstbeschreibung der Teammitglieder gearbeitet wird und nicht an Veränderungen der Organisation.

Harald Pühl (1996, S. 16) meint, dass die Wirtschaftlichkeit die Grenzen zwischen Organisationsentwicklung und Supervision verwischt und die Supervisoren das klassische Feld der sozialen Arbeit verlassen haben und die Organisation insgesamt als ihr Klientel sehen. Als Supervisorin arbeitet man problembezogen, der Beratungsgegenstand lässt sich schwer eingrenzen, jedes Problem, jeder Fall spiegelt gleichsam ein Universum von Gesamtzusammenhängen wider. Die Einfluss- und Entscheidungsbereiche von Klientensystemen spielen dabei eine große Rolle.

Möglicherweise geht es ja um massive Macht- und Einflussinteressen auf den doch immer noch sehr lukrativen Organisationsberatungsmarkt.

Und doch gibt es für Harald Pühl einen großen Unterschied zwischen Organisationsentwicklung und Supervision: Organisationsentwicklung arbeitet eher top to down, da heißt der Auftrag für Organisationsentwicklung kommt von der Leitung. Supervisorinnen schließen ihre Verträge eher mit dem jeweiligen Subsystem, manchmal aber auch mit der Leitung ab (Pühl 2000, S. 16).

Wolfgang Weigand (1994, S. 130 f.) fragte im Handbuch der Supervision 2, ob nicht „Organisationsberatung eine und die bisher umfassendste Form der Supervision ist".

Harald Pühl (2000) neigt eher dazu, Supervision und Organisationsentwicklung als getrennte Paar Schuhe zu behandeln und empfiehlt Organisationsentwicklungsberatern und Supervisoren zu kooperieren und dafür zu sorgen, dass Supervisoren in Organisationsentwicklungsprojekten eine genaue und abgestimmte Funktion übernehmen können.

Für Pühl ist es wichtig als Organisationsberater, als Supervisor, als Auftraggeberin die eigenen Ziele und Vorstellungen offenzulegen und sich untereinander darüber auszutauschen. Es sollen keine versteckten Konkurrenzen zwischen Organisationsberatung und Supervision und Auftraggeber, aber natürlich auch nicht zwischen verschiedenen Supervisorinnen entstehen.

Rappe-Giesecke sieht Unterschiede zwischen Organisationsberatung und Supervision in der Art und Weise, wie die Diagnose im Beratungsprozess durchgeführt wird, und zwar: Supervision kürzt die Diagnosephase ab und schließt gleich einen Kontrakt über die Maßnahme (Rappe-Giesecke 2000, S. 319 f.). In der Organisationsberatung kontraktiert man im Idealfall nur die Diagnosephase. Weiter erfolgt die Organisationsberatung eher in einem Beraterteam.

▪ Unser Verständnis zum Unterschied von Organisationsentwicklung und Supervision

Die Autorinnen sehen keinen großen Unterschied zwischen Organisationsentwicklung und Supervision. In beiden Fällen erscheint es ihnen wichtig, die Erwartungen der Kunden genau zu klären und Spielregeln zu vereinbaren, wie und mit welcher

Zielsetzung miteinander gearbeitet wird. Dies muss in einer ausführlichen Auftragsklärung geschehen. Dabei wird unter anderem nach der Auftraggeberin gefragt und wie die Triangulierung zwischen Organisation, SupervisandInnen und der Arbeitsaufgabe in der Supervision stimmig erfolgen kann. Zu klären ist auch, wem gegenüber die Supervisorin verpflichtet ist, wem gegenüber sie loyal ist und wessen Aufträge sowie ausgesprochene und unausgesprochene Wünsche erfüllt werden sollen (Petzold et al. 2003, S. 167).

Petzold sieht die Supervisoren als „Prozess Organizers and Facilitators" (2007, S. 421) und betont die komplexe Aufgabe, die damit verbunden ist, aber nur in einer guten Zusammenarbeit zwischen allen Beteiligten gelingen kann. Diese komplexen Netzwerkbeziehungen können nur dann effektiv gesteuert werden, wenn eine sehr gute Qualität „kollegialer Affiliation" (Petzold 2007, S. 422), also einer kollegialen Beigesellung, erreicht werden kann.

Das bedeutet, dass die Supervisandinnen als „co-manager" (Petzold 2007, S. 422) des Prozesses gesehen werden und widerspiegelt unsere integrative Grundhaltung.

Wir stellen uns als Supervisorinnen und Organisationsentwicklungsberaterinnen mit unseren Kompetenzen, unserem Prozessgestaltungswissen und als Mensch zur Verfügung. Wir halten es wie Karsten Trebesch (2000, S. 10) und lassen uns von seinen zwei Überzeugungen leiten:

- Das wesentliche Wissen ist in jeder Organisation vorhanden; es muss nur nutzbar gemacht werden.
- Organisationen bestehen im Wesentlichen aus koordiniertem menschlichem Verhalten.

Wir können in Veränderungsprozessen also nicht nur beim Wandel der Personen ansetzen, sondern beitragen – gemäß unserem vereinbarten Beratungsauftrag – dass die organischen Strukturen und ihre Wirkungen reflektiert und gegebenenfalls verändert werden. Dies entspricht unserer integrativen beraterischen Grundhaltung, die wir im ▶Kap. 5 „Integrative diagnostische Grundhaltung" weiter ausführen.

▪ Geschichte der Organisationsberatung

Die Grundrisse der Geschichte der Organisationsentwicklung hat Karsten Trebesch ausführlich beschrieben (1980) und kurz zusammengefasst im Jahr 2000 (Seite 10 ff.).

Die Geschichte der Organisationsentwicklung ist noch ziemlich jung, erst in der Mitte der 40er Jahre wurden von Organisationstheoretikern die ersten Thesen der Organisationsentwicklung definiert.

Eine Quelle der Organisationsentwicklung ist die Human-Relations-Bewegung in den USA der späten 30er Jahre. In Experimenten zur Leistungssteigerung hatten Mayo und Roethlisberger in den Hawthorne-Werken der Western Electric herausgefunden, dass für Mitarbeiter vor allem die sozialen Beziehungen (zwischen Führungskräften und Mitarbeitern und anderen Gruppen) im System wichtig waren. Die sozialen Beziehungen konkretisierten sich am Wirksamsten in bekundeter Wertschätzung und äußerten sich auch in der Herausbildung von gemeinsamen Leistungsnormen.

In den 40er Jahren machte Kurt Lewin in Bethel/Maine die ersten Erfahrungen mit der Nutzung der Gruppen, als Medium der Verhaltensdiagnose und Veränderung. Die daraus resultierende Gruppendynamik wurde in Trainingsgruppen (sogenannten T-Groups) umgesetzt. Das führte zur Gründung der National Training Laboratories

(NTL), die eine wichtige Rolle in der Entwicklung der Organisationsentwicklung gespielt haben.

In den 50er Jahren ging man versuchsweise dazu über, die Gruppenarbeiten nicht nur in Trainingsinstituten, sondern in bestehenden Organisationen durchzuführen. Dabei tauchte 1957 erstmals der Begriff „Organisationsentwicklungsgruppe" auf. In den folgenden Jahren wurden T-Group-Training, Teamentwicklung, Karriereplanung, Intergruppenarbeiten und andere Interventionstechniken in vielen Unternehmen eingeführt. Die Ansätze waren weitgehend individualpsychologisch orientiert, die besonders auf Einstellungs- und Verhaltensänderungen der Personen zielten.

Am Institut für Social Research der Universität von Michigan wurde ausgehend von konkreten Projekten die datenerhebungs- und Rückkopplungsmethode (Survey Guided Feedback) entwickelt, damit wurde der Systemische Ansatz stärker in die Organisationsentwicklung hereingenommen. Man hatte Mitarbeiterbefragungen vorgenommen und dabei klar erkannt, dass statistische Daten nicht die einzige Möglichkeit waren, die eine Befragung bot. Die Forscher begannen vielmehr, die Ergebnisse an die Manager und Mitarbeiter „zurückzukoppeln". Diese konnten nun die Beziehungen zwischen Personen und Gruppen im Unternehmen selbst diagnostizieren. Dadurch entwickelte sich ein Engagement für Verbesserungen in der betrieblichen Zusammenarbeit.

Der definitive Durchbruch des Systemansatzes ist erst mit der Konzeption der soziotechnischen Systeme am Tavistock Institute of Human Relations in London gelungen. In Untersuchungen zu Produktivitätssteigerungen im britischen Bergbau Ende der 40er Jahre gelangten Fred Emery, Eric Trist und andere Forscher zu der Erkenntnis, dass die meisten Probleme in Organisationen nicht durch individuelle Unzulänglichkeiten, sondern durch strukturelle Mängel verursacht werden.

Versuche mit sogenannten „teilautonomen Gruppen" als neue Formen der Arbeitsorganisation zeigen, dass die Leitungsfähigkeit und Zufriedenheit von und in Gruppen von überschaubarer Größe, mit relativ hoher Selbststeuerung und erweiterten Tätigkeitsspielräumen erheblich gesteigert werden konnte.

Daraus entwickelte sich ein neues Verständnis von Organisation. Es zeigte sich, dass die Aufbaustruktur nicht das allein Entscheidende ist. Sie darf nicht isoliert, sondern muss im betrieblichen Gesamtzusammenhang, in ihren Wechselwirkungen mit dem Arbeitsinhalt des einzelnen, dem Lohnsystem, der Arbeitszeitregelung, der Kommunikation untereinander, dem Führungsstil etc. betrachtet werden. Gruppen und Organisationen wurden nicht mehr als „Inseln", sondern als offene System verstanden.

Literatur

Bennis, W. G. (1972). *Organisationsentwicklung – Ihr Wesen, Ihr Ursprung, ihre Aussichten*. Baden-Baden: Gehlen.

Heitger, B., & Doujak, A. (2002). *Harte Schnitte, neues Wachstum: Die Logik der Gefühle und die Macht der Zahlen im Changemanagement*. Frankfurt a. M.: Redline Wirtschaft bei Ueberreuter.

Pelzmann-Knafl , S. (2006). *Über den Bedarf von Führungskräfteberatung – Supervision und Coaching – im Rahmen komplexer Organisatorischer Veränderungsprozesse*. Masterthese, Donau Universität Krems.

Petzold, H. G., Schay, P., & Ebert, W. (2007). Integrative Suchttherapie. Theorie, Methoden, Praxis, Forschung. Wiesbaden: VS Verlag.

Petzold, H. G., Schigl, B., Fischer, M., & Höfner, C. (2003). *Supervision auf dem Prüfstand. Wirksamkeit, Forschung, Anwendungsfelder, Innovation*. Opladen: Leske + Budrich.

Pühl, H. (2000). Organisationsentwicklung und Supervision: Konkurrenten oder zwei Seiten einer Medaille? In H. Pühl (Hrsg.), *Supervision und Organisationsentwicklung* (S. 13–19). Opladen: Leske + Budrich.

Rappe-Giesecke, K. (2009). *Supervision für Gruppen und Teams*. Berlin: Springer.

Trebesch, K. (1980). *Organisationsentwicklung in Europa* (Bd. A und B). Bern: Haupt Verlag.

Trebesch, K. (2000). Die Entwicklung der Organisationsentwicklung. In K. Trebesch (Hrsg.), *Organisationsentwicklung, Konzepte, Strategien und Fallstudien* (S. 9–18). Stuttgart: Klett-Cotta.

Prinzipien integrativer Arbeit

S. Pelzmann, B. Strümpf, *Integrative Tools für die Team- und Organisationsdiagnose*,
https://doi.org/10.1007/978-3-658-19831-2_2

2.1 Integrative Supervision

Integrative Supervision ist kein wahllos kombiniertes Verfahren, sondern sie versucht, die Methodenvielfalt theoretisch herzuleiten und zu konzeptualisieren. Der Begriff „integrativ" leitet sich aus der speziellen Konstruktion des Ansatzes ab, alle verwendeten Theorien und Methoden in ein übergeordnetes anthropologisches und erkenntnistheoretisches Modell einzufügen, also zu „integrieren" (Schreyögg 2000). Mit Integration soll es um Erweiterung, Vielfalt, Differenzierung gehen. Nicht Assimilation und Nivellierung ist damit gemeint, sondern Konnektivierung, also die Vernetzung unterschiedlicher, in den Blick genommener Wissensbestände (Schuch 2001).

Der integrative Ansatz weist eine ordnende und zugleich offene Systematik auf und ist als strukturgebendes Modell zu verstehen, das sowohl die Wissensebene als auch die Praxisebene gliedert (Leitner 2010, S. 1).

Der integrative Supervisionsansatz ist ein schulenübergreifendes Modell, das Theorien supervisorischer Disziplinen zu einem in sich stimmigen Metamodell bündelt (Möller 2001). Daraus leitet sich die entsprechende integrative Praxeologie her. Die Integrative Supervision schließt an die Parameter der Integrativen Therapie an. Daher werden in der Folge Kernkonzepte oder Begriffe benannt als solche der Integrativen Therapie/Integrativen Supervision (abgekürzt IT/ITSU).

Zentrale Referenztheorien der IT/ITSU sind die Gestalttherapie von Fritz Perl und das Psychodrama Morenos. Resultat der kokreativen Theorieentwicklung ist ein „multipragamatischer Ansatz mit phänomenologischer Orientierung" (Möller 2001, S. 63). Er zeichnet sich durch Theorie- und Methodenpluralität aus.

Das Beratungs- und Therapiekonzept des Integrativen Ansatzes versteht sich immer als eine Form der „kreativen, emanzipatorischen Praxis" und fühlt sich einer dekonstruktiv und reflektierten Aufklärung verpflichtet. Der Integrative Ansatz versteht sich als wissenschaftskritisch und als gesellschaftskritisch und postuliert ein gesellschaftspolitisches Engagement (Ebert und Könnecke-Ebert 2007, S. 160).

Im Supervisionsprozess der integrativen Supervision werden planmäßige und nichtplanmäßige Deutungs- und Handlungsmuster aufgegriffen, die in der Interaktion zwischen den Supervisandinnen und Klientinnen zur Anwendung kommen. Planmäßige Deutungs- und Handlungsmuster sind bewusstseinsfähige, konzeptionell orientierte Strategien der Supervisandin, des Supervisanden. Nicht-planmäßige Deutungs- und Handlungsmuster sind Typisierungsschemata, welche im Laufe des Lebens erworben wurden oder Rollendefinitionen, die in der Interaktion entwickelt wurden. Reflektiert wird durch Interpretationen. Ein wesentlicher Aspekt ist, dass die Supervisandinnen Teil organisatorischer Systeme sind und dadurch in ihrer beruflichen Interaktion stark von diesem Kontext beeinflusst werden (Möller 2001, S. 63 f.).

Petzold (1998) versteht die Integrative Supervision und Organisationsentwicklung als einen komplexitätstheoretischen, sozialwissenschaftlichen, insbesondere sozialpsychologischen Ansatz. Das Supervisionsverständnis des „Integrativen Ansatzes" ist ein Dreifaches. Es wird als sozialwissenschaftliche Disziplin gesehen, die theoretisch gegründet ist auf der Psychologie, im Speziellen der Sozialpsychologie und der Soziologie, und praxeologisch auf der Sozialarbeit und der berufsbezogenen Erwachsenenbildung basiert. Zweitens wird Supervision als systemische Metadisziplin, als Systemsupervision gesehen. Sie bezieht sich auf die Systemtheorien, die Organisationswissenschaften und die

Sozialpsychologie als Referenzdisziplinen. Drittens ist Supervision eine philosophisch fundierte und politisch engagierte Interventionsdisziplin, da es um gemeinschaftliche Prozesse des Erkenntnis- und Freiheitsgewinns und des „erkenntnisgeleiteten und ethisch fundierten Handelns" geht (Petzold 1998, S. 3).

2.2 Geschichte und Entwicklung der Integrativen Supervision

Der Integrative Ansatz wurde von Hilarion Gottfried Petzold unterstützt von Johanna Sieper seit Mitte der 1960er Jahre in Paris begründet. Er ist geprägt vom Zeitgeist „der kritischen Aufklärung, des Experimentellen, der Erlebnisentdeckung und des Innovativen" (Ebert und Könnecke-Ebert 2007, S. 159). Die Integrative Supervision und Organisationsentwicklung entwickelte sich als Verfahren sozialwissenschaftlich fundierter Beratung professioneller Praxis und sozialkritisch begründeter, institutionsbezogener Intervention (Petzold 1998). Sie möchte in komplexen Lebenswelten Unterstützung im Umgang mit Komplexität geben als „Systemsupervision". Das bedeutet, dass das Handeln von einzelnen und von Teams im Kontext der jeweiligen Institution und des jeweiligen Feldes gesehen wird. Persönlichkeitsentwicklung, personale Entwicklung, Teamentwicklung und Organisationsentwicklung und Feldentwicklung sollte verbunden werden. Aus der Verbindung von Supervision und Organisationsberatung im Profit- und Non-Profit-Bereich konnte ein eigenständiger, sozialwissenschaftlicher Ansatz der Supervision und Organisationsentwicklung entstehen. Ausgedehnte Supervisions- und Beratungstätigkeit fand unter anderem in den Feldern beim „Gastarbeitproblem" 1967–1970, im Bereich der Drogentherapie Anfang der 1970er Jahre oder im Sektor der Weiterbildung in den 1980er Jahren statt. Im Ansatz der Integrativen Supervision und Organisationsentwicklung wurden „sozialpsychologische Konzepte, Methoden der Humanistischen Psychologie, organisationssoziologische Modelle und systemische Perspektiven in permanenter Theorie- und Praxisverschränkung verbunden" (Petzold 1998, S. 9 f.). 1974 wurden erste Ausbildungen von Supervisorinnen am „Fritz Perls Institut für Integrative Therapie, Gestalttherapie und Kreativitätsförderung" durchgeführt. Petzold (1998, S. 10 ff.) beschreibt die Vielzahl der Publikationen und den breiten Erfahrungsschatz, der seitdem zu den Themen Supervision, Organisationsentwicklung, Coaching, Metaconsulting, Ausbildung von SupervisorInnen gesammelt werden konnte. Es würde den Rahmen dieses Buches sprengen, darauf näher einzugehen.

Der aktuelle Forschungsstand zur Supervision wird in Petzold et al. (2003) dargestellt. Forschung zur Supervision soll Anstoß geben für eine breitere Fundierung und Entwicklung als wissenschaftliche Disziplin und forschungsbegründete Praxeologie. Sie ist einer ökologisch unterfangenen „differentiellen Evidenzbasierung" verpflichtet und greift somit auf Studien zur Wirkung als auch auf Untersuchungen zur Wirksamkeit, Anwendbarkeit und Bewährtheit in Praxiskontexten zurück, „um die Qualität von Supervision, ihre `Wissenschaftlichkeit, Wirksamkeit, Wirtschaftlichkeit und Unbedenklichkeit` zu dokumentieren" (Petzold et al. 2003, S. 18 f.).

Das „Integrative Verfahren" ist keine „geschlossene Schule", sondern steht für Offenheit und prozessuale Entwicklung (Ebert und Könnecke-Ebert 2007). Daran knüpft die Intention unseres Buches.

2.2.1 Tree of Science

Zentrales Anliegen des Integrativen Ansatzes war und ist die Entwicklung einer Metastruktur für Beratung, Therapie, Supervision und Organisationsentwicklung. Der „Baum der Wissenschaft", der sogenannte „Tree of Science" ist eine „ordnende und zugleich offene Systematik für unterschiedliche Theorien und Referenzsysteme, die für Beratung, Psychotherapie, Soziotherapie, Supervision und Organisationsentwicklung grundlegend (…) ist" (Ebert und Könnecke-Ebert 2007, S. 160).

Das „Tree of Science"-Modell bietet eine formale Metastruktur. Diese soll dazu dienen, Wissensstände der angewandten Humanwissenschaften zu analysieren und zu ordnen. Dadurch soll „hinlängliche Pluralität" ermöglicht werden, „ohne in theoretischem Chaos zu enden" (Petzold 2002).

Der „Tree of Science" ist somit ein Strukturgerüst und Ordnungssystem. Er fördert das theoriegeleitete, forschungsgegründete und methodenbewusste Integrieren, wobei Integration nicht voraussetzungslos geschieht, sondern durch den „Tree of Science" grundsätzliche Differenzierungsmöglichkeiten und zentrale Integrationspunkte bereitgestellt werden (Ebert und Könnecke-Ebert 2007).

Der „Tree of Science" für die Supervision gliedert sich in vier Ebenen (nach Petzold 1998; Ebert und Könnecke-Ebert 2007):

- **Metatheorien**

Metatheorien sind Theorien größerer Reichweite und werden auch „large range theories" genannt. Metatheorien können aufgrund ihres umfassenden Charakters nicht empirisch überprüft werden. Sie sind Theorien über das Wesen des Menschen, den Sinn des Lebens und die Geheimnisse der weltanschaulichen Annahmen.

Zu den Metatheorien gehören die Erkenntnistheorie, Wissenschaftstheorie, allgemeine Forschungstheorie, Anthropologie, Gesellschaftstheorie und die Ethik.

- **Real explikative Theorien**

Real explikative Theorien sind Theorien mittlerer Reichweite oder „middle range theories". Sie beziehen sich auf konkrete Situationen, wie sie von den angewandten Humanwissenschaften behandelt werden und haben eine geringere Reichweite als die Metatheorien. Real explikative Theorien sind grundsätzlich empirisch überprüfbar.

Zu den real explikativen Theorien zählen die allgemeine Theorie der Supervision, die Theorie und Methodik der Supervisionsforschung, Theorien sozialer Relationen wie etwa Interaktion, Kommunikation, Affiliation, Übertragung/Gegenübertragung, die Persönlichkeitstheorie und die Entwicklungstheorie, die Gesundheits- und Krankheitslehre für supervisorische Kontexte, Theorien zu Feld, Organisation und Institution sowie spezielle Theorien der Supervision (z. B. Theorie der supervisorischen Beziehung, der supervisorischen Wirkfaktoren, supervisorischer Diagnostik und Assessmentkonzepte).

- **Praxeologie**

Die Praxeologie wird auch als „small range theories" bezeichnet. Darunter zu verstehen ist die Praxeologie als Theorie supervisorischer Praxis, die Praxis der Supervisionsforschung, die Interventionslehre (Theorie der Methoden, Techniken, Medien, Stile), Prozesstheorien, Theorie der Settings, Theorien zu spezifischen KlientInnensystemen (wie etwa Drogenabhängige, Lehrer, Manager) und die Theorien zu spezifischen Feldern (etwa Schule, Krankenhaus, Versicherungen).

■ Praxis

Praxis findet sich in Dyaden, in Gruppen und Teams, in Organisationen und Institutionen, in Feldern und mit unterschiedlichen KlientInnensystemen.

Wesentlich ist, dass eine konsistente Verschränkung der Wissensbestände der vier Ebenen gegeben ist. Leitkonzepte lassen sich durchgehend von der metatheoretischen Ebene bis in die Praxis hinein erkennen und Praxiserfahrungen können bis in die Ebene der Metatheorie rückwirken, „um dort das Wissen um Welt- und Lebensverhältnisse und die Konzepte zur Welt- und Lebensexplikation zu erweitern" (Petzold 1998, S. 95). Der Bezug von Theorie und Praxis wird also sowohl „bottum up" als auch „top down" hergestellt.

2.2.2 Kernkonzepte der IT/ITSU

In der Folge wollen wir einige bedeutende Begriffe der IT/ITSU vorstellen. Vertiefende Auseinandersetzung damit ist zu finden etwa bei Petzold (1998, 2002, 2003), Schuch (2001), Ebert und Könnecke-Ebert (2007).

■ Die anthropologische Grundformel

In der IT/ITSU wird anthropologischen Fragen große Aufmerksamkeit geschenkt (Petzold 2002). Daher ist ein wesentliches Kernkonzept der IT/ITSU die anthropologische Grundformel, welche davon ausgeht, dass der Mensch als Mann und Frau ein Körper-Geist-Seele-Subjekt im sozialen und ökologischen Umfeld ist. Leibsubjekt und Lebenswelt sind miteinander verschränkt (Petzold 2002). Sie stehen in ständiger Entwicklung.

Der Mensch als Mann und Frau ist exzentrisches Leibsubjekt. Dieses ist in der Lebenswelt zentriert, das bedeutet, es ist mit einem exzentrischen Bewusstsein und mit unbewussten Strebungen ausgestattet. Das Leibsubjekt wird verstanden als Körper-Seele-Geist-Wesen, welches mit dem sozialen und ökologischen Kontext und im zeitlichen Kontinuum verschränkt ist (Petzold 2003, S. 409).

Das Leibsubjekt ist also konstituiert durch den Körper als Gesamtheit aller physiologischen und organismischen Prozesse wie zum Beispiel Motorik, Sensorik, Tonusregulation, durch alle Prozesse des Empfindens, Fühlens und Wollens und durch den Geist. Die Gesamtheit aller kommunikativen und sozialen Prozesse basiert auf dem Hintergrund regionaler und weltweiter ökologischer Verhältnisse (Petzold 2003, S. 611).

■ Das Identitätskonzept der IT/ITSU

> » Identität wird durch fremd- und selbstattribuierende, kognitiv und emotional wertende Interaktionen und volitive Akte gewonnen (Petzold 2003, S. 116).

Petzold definiert Identität folgender Maßen:

2

Identität

„Durch Fremdattributionen (Identifizierung) aus dem Kontext und Selbstattributionen (Identifikationen), der kognitiven Einschätzung (appraisal) und der emotionalen Bewertung (valuation, d. h. Einordnung in biographisch bestimmte Sinnzusammenhänge) von beidem sowie durch Verinnerlichung (Internalisierung, d. h. Speicherung im Gedächtnis – auch Verinnerlichung von aufgenommenen Bildern von Anderen) konstituiert das Ich im kommunikativen Kontext und Kontinuum des Lebens Selbstbilder (Selbstschemata, Autoskripts, Selbstkonzepte). Diese bilden insgesamt vermittels eines Synergieeffektes eine hinlängliche Einheitlichkeit/Konsistenz/Unizität, gewährleisten zugleich aber auch eine Plurizität, eine Vielfalt der Person. Sie kann auf dieser Grundlage eine polyvalente, vielfacettige – und durch Korrespondenz und Akte der Metareflexion – emanzipierte Identität als Dimension des Selbst ausbilden. Das wird damit ein „flüssiges Selbst", ein „Selbst im Prozess", in dem auch nicht integrierbare, inkonsistente Momente eine Stimme haben können und das damit Freiheitsgrade gegenüber gesellschaftlichen Zwängen gewinnen kann, ein polylogisches, emanzipiertes Selbst wird, das über persönliche ‚Souveränität' verfügt (Petzold und Orth 1998) und als Eines und Vielheit gesehen werden kann (Petzold 2001)."

Das bedeutet, dass Identität aus Fremdattributionen und Selbstattributionen gebildet wird und aus deren kognitiven Einschätzungen und emotionalen Bewertungen. (Ebert und Ebert-Könnecke 2007) Identität entsteht aus dem Zusammenwirken von Leib und Kontext im Zeitkontinuum, aus dem Miteinander im sozialen Netzwerk in wechselseitigen Prozessen. Identität entsteht aus Prozessen in der Zusammenschau von Selbst-Identifikation, also der Selbstattribution einerseits und der Identifizierung durch Andere, also der Fremdattribution inklusive deren Bewertung und Verarbeitung.

» Identität entsteht in dialektischen Prozessen: So gewinnt das *Ich* einerseits Bilder über das *Selbst* aus dem Selbsterleben und attribuiert diese dem Selbst. Andererseits erfährt das *Ich* im Sozialisationsprozess aus dem Außenfeld Fremdattributionen und gleicht diese mit vorhandenen Selbstbildern ab. Die vor diesem Hintergrund biographischen Selbst- und Kontextwissens kognitiv eingeschätzt *(appraisal)* und emotional bewerteten *(valuation)* Selbst- und Fremdattributionen werden internalisiert (Schuch 2001, S. 174).

Identität entwickelt sich von den Fremdzuschreibungen über die Bewertungen zu den Selbstzuschreibungen bis hin zur Internalisierung, allerdings nicht linear, sondern in Aushandlungsprozessen.

Das Modell der Persönlichkeit in der IT/ITSU umfasst die Dimensionen „Selbst", „Ich" und „Identität". Wobei mit „Selbst" das reflexive, in gesellschaftliche Prozesse wie Zeitgeist oder Geschichte eingebundene Subjekt unter anthropologischer Perspektive verstanden wird. Das „Ich" ist eine Funktion des Selbst, welches aktiv wahrnehmend, erkennend, verarbeitend und handelnd agiert und die Fähigkeit zur Exzentrizität besitzt. Es nimmt das „Selbst" in den Blick und reflektiert in der Selbstreflexion das Selbst im Lebenskontext und biografischen Kontinuum (Schuch 2001; Petzold 2003).

Identität entsteht somit in komplexen Prozessen der Identitätsarbeit aus einer Auslegung des Subjekts und ist personal „transversal" vielfältig und sich permanent überschreitend und damit emanzipierend (Petzold et al. 1999, 2000).

Selbst, Ich und Identität sind nicht einmal entstandene, statische Größen, sondern lebendige, prozessuale Synergien. Sie bilden in beständiger Interpretationsarbeit, in

Reflexion von Kontext und Kontinuum eine flexible, transversale Identität und persönliche Souveränität. Dabei soll das Subjekt dabei unterstützt werden, in der Komplexität und Prozessualität der modernen Lebenswelt sich selbst und anderen vertraut zu bleiben. Es soll kompetent an den vielfältigen, auch gegensätzlichen sozialen Welten und Lebensstilgemeinschaften Teil zu haben Schuch 2001, S. 175).

Im Ansatz der IT/ITSU erhalten Selbst, Ich und Identität mit der Zeit eine gewisse Stabilität, Konstanz und Konsistenz erhalten. Sie können aber auch erodieren und diffundieren, wenn sich die Lebensverhältnisse massiv verändern (Schuch 2001). Das bedeutet, dass Selbst, Ich und Identität immer wieder der Verwirklichung, Auffrischung, Bewährung, Gestaltung und des Neuentwurfes bedürfen. Im Bereich der Identität passiert dies durch hinlänglich kongruente Selbst-Identifikation und Fremd-Identifikation oder durch „bewältigbare Prozesse der Veränderung und Gestaltung, durch Kreativierung persönlicher Souveränität im Lebenszusammenhang" (Schuch 2001, S. 175). Gefährdet wird Identität durch Konsistenzzwang, Stigmatisierung und Ressourcenmangel, hingegen baut lebendige Interaktion, Freiräume und Ressourcenvielfalt Identität auf.

▪▪ Die fünf Säulen der Identität

Die Identität ruht nach der IT/ITSU auf fünf Säulen. Diese fünf Säulen der Identität sind (nach Schuch 2001, S. 175; Ebert und Könnecke-Ebert 2007, S. 177):

1. Leiblichkeit: der individuelle Leib – das, was ich von mir erlebe und nach außen hin verleibliche, also der „soziale Leib" und was ich an meine Leiblichkeit attribuiert bekomme
2. Soziales Netzwerk: der soziale Kontext, dem ich zugehöre und der mir zugehört: meine Familie, Freundinnen und Freunde, Kolleginnen und Kollegen
3. Arbeit, Leistung und Freizeit: wo ich mich verwirkliche und wodurch ich identifiziert werde
4. Materielle Sicherheiten: materieller Besitz, Geld und Güter, milieu-ökologische Bezüge, Haus, Heimat, Verhältnis zur Natur
5. Wertorientierungen: persönliche Werte und Normen, weltanschauliche und religiöse Überzeugung, Sinn konstituierende Systeme.

Beispiele für Fremd- und Selbstzuschreibungen von Individuen in den fünf Bereichen sind etwa folgende (nach Petzold 1998):

Bereich 1: Leiblichkeit

- fremdattributiv: „Das ist ein sportlicher Typ!"
- selbstattributiv: „Ich bin topfit!"

Bereich 2: Soziales Netz, Beziehungen

- fremdattributiv: „Die hat einen guten Freundeskreis, alles politisch engagierte Leute"
- selbstattributiv: „Ich habe tolle Freunde, wirklich engagierte Menschen!"

Bereich 3: Arbeit/Leistung

- fremdattributiv: „Das ist ein toller Organisator!"
- selbstattributiv: „In puncto Organisation macht mir so leicht niemand was vor!"

Bereich 4: Materielle Sicherheiten

- fremdattributiv: „Die hat sich ein schönes Haus gebaut!"
- selbstattributiv: „Auf mein Haus bin ich wirklich stolz."

Bereich 5: Werte
- fremdattributiv: „Der ist ein überzeugter Katholik!“
- selbstattributiv: „Ich engagiere mich in meiner Kirche.“

Diese fünf zentralen Identitätsbereiche bilden die Säulen der Identität in der IT/ITSU.

Die Identitätsprozesse verlaufen wie oben beschrieben von den Fremdzuschreibungen über die Bewertungen zur Selbstattribution und zur Internalisierung auch in jedem einzelnen der fünf Bereiche ab. Sie geben als Gesamtes ein Bild über die Identität von Individuen oder Organisationen. Genauso aufschlussreich sind sie auch für Teilbereiche (Petzold 2001). Identität weist viele Facetten auf. Die Identitätsarbeit ist das Aushandeln von Identität, ihre Stabilisierung, ihre Veränderung in Abhängigkeit von den Kontexteinflüssen. Diese Identitätsarbeit, das Aushandeln der Identität geht über die Lebensspanne. Internale und externale Prozesse laufen in einem interaktiven Wechselspiel mit großer Vielfalt. Das Modell bietet somit Menschen und Organisationen in sich rasant wandelnden „Weltverhältnissen“ Hilfe zur Steuerung von Identitätsprozessen.

Petzold hat die fünf Identitätsdimensionen auch auf Organisationen übertragen. Dann stellen sich die fünf Bereiche folgender Maßen dar (nach Petzold 1998):

1. Basis des Unternehmens:
   - Geschäftssitz, Stammhaus, Logo
2. Verbindungen des Unternehmens:
   - die dem Unternehmen verbundenen Menschen und sozialen Gebilde wie Firmen, Behörden, Verbände
   - sozialen Netzwerke des Unternehmens
   - Innen- und Außenperspektive: Mitarbeiterinnen/Mitarbeiter und Kundinnen/Kunden
3. Produktivität und Qualität:
   - Optimierung der Qualität
   - Maximierung der Produktivität
4. Wertschöpfung, Gewinn, Anlagen:
   - maximale Wertschöpfung
   - gute Geschäftsergebnisse
   - überzeugende Anlagepolitik
   - exzellentes Wachstumsmanagement
5. Operative Werte
   - Müssen an die Unternehmensphilosophie rückgebunden sein
   - Werte als Identitätsmarkierung in der Imagepflege nach außen
   - Bestimmen das Handeln der Mitarbeiterinnen und Mitarbeiter nach innen

Petzold (2001) sagt, dass das Identitätsmodell mit den fünf konstituierenden Bereichen auch auf soziale Gebilde übertragbar ist. Er hat gezeigt, dass es auf Organisationen anwendbar ist (Petzold 1998, S. 226 f.) und stellt fest, dass es letztendlich selbst auf nationale Identitäten anwendbar ist (Petzold 2001).

▪ Mehrperspektivität

Mehrperspektivität bedeutet, die Wirklichkeit, die in vielfältigen Formen vorhanden ist, exzentrisch aus mehreren Blickwinkeln zu betrachten, etwa aus dem Blickwinkel des Arbeitgebers/der Arbeitgeberin oder des Kunden/der Kundin. Dabei werden unterschiedliche Optiken, wie etwa die ökonomische oder die sozialpolitische, und verschiedene theoretische Referenzrahmen, wie etwa der betriebswirtschaftlichen oder der organisationspsychologische, verwendet. Ziel ist es, neue Aspekte zu gewinnen, die vorhandene Komplexität zu erfassen und in Ko-Respondenzprozessen diese Komplexität zu reduzieren. Zu den Ko-Respondenzprozessen s. auch Abschn. „Intersubjektives Korrespondenzmodell“ weiter unten.

Durch das mehrperspektivische Reflektieren und Metareflektieren kann Transversalität entstehen. Dies ist ein Denken in Vielfalt und „gekennzeichnet durch permanente Übergänge“ (Ebert und Könnecke-Ebert 2007, S. 164).

▪ Exzentrizität

Mehrperspektivität und Exzentrizität sind eng miteinander verbunden. Mehrperspektivität setzt Exzentrizität voraus. Unter Exzentrizität versteht Petzold (1998) die Fähigkeit, von Situationen, Problemen und Konzepten Abstand zu nehmen, zu sich selbst in Distanz zu gehen. Dabei wird der Kontakt zum Geschehen nicht verloren und in „engagierter Distanz“ der breite Kontext der Gegenwart, Vergangenheitshintergründe, Zukunftsperspektiven und Alternativen betrachtet.

Exzentrizität ist die „Fähigkeit des Menschen, von sich selbst abzusehen, aus sich selbst heraus zu treten, um sich und seine Situation und Lage ‚von außen‘ zu betrachten“ (Ebert und Ebert-Könnecke 2007, S. 164). Diese Selbst-Betrachtung von außen ist die Selbstreflexion. Geschieht dies aus mehreren Perspektiven, entsteht Mehrperspektivität.

Exzentrizität ermöglicht Mehrperspektivität, diese wiederum ermöglicht Synopse, das ist die Zusammenschau von Unterschiedlichem. Synopsen wiederum legen Konnektivierungen nahe, also die Vernetzung unterschiedlicher Wissensbestände als kreatives Prozedere, das immer wieder aufs Neue vollzogen wird (Ebert und Könnecke-Ebert 2007).

▪ Intersubjektives Korrespondenzmodell

Unter *Ko*Respondenz versteht Petzold (2003, S. 117) einen synergetischen Prozess. Zwischen Subjekten findet direkte und ganzheitliche Begegnung und Auseinandersetzung auf der Leib-, Gefühls-, und Vernunftebene über ein Thema statt. Der jeweilige Kontext und das Kontinuum werden einbezogen.

Das Ziel von Ko-Respondenz ist die Schaffung von Konsens oder Dissens. Konsens und Dissens kann in Konzepten Niederschlag finden, „die von Konsensgemeinschaften getragen werden und für diese zur Grundlage von Kooperation werden“ (Petzold 2003, S. 117).

Voraussetzung für die Ko-Respondenz ist die wechselseitige Anerkennung subjektiver Integrität. Diese gründet in der grundsätzlichen gemeinsamen Existenz alles Lebendigen. Konsens kann auch bedeuten, konsensuell Dissens festzustellen.

> » Scheitern von Ko-Respondenz führt zu Entfremdung, Frontenbildung, Krieg (Petzold 2003, S. 117).

In diesem Ansatz liegen zahlreiche Grundlagen für die Arbeit mit Organisationen. Gerade dieser Zugang zu Konsens- und Dissensbildung scheint uns für die Organisationsberatung sehr wesentlich.

■ **Persönliche Souveränität**

Persönliche Souveränität ist ein innerer Ort persönlicher Sicherheit und Freiheit. Dieser Ort ist geprägt von Selbstwertgefühl, Selbstbewusstsein, Selbstwirksamkeit, sowie mit der Erfahrung von Verbundenheit und Zugehörigkeit (Schuch 2001, S. 4).

Die Souveränität basiert im Leib. Souveränität beginnt zunächst mit der Kontrolle über kontrollierbare Körperfunktionen, der Verfügungsgewalt über den eigenen Körper und dem Besitz von Bewegungsspielräumen. Sie erstreckt sich bis zur sozialen Wirksamkeit durch kommunikative Kompetenz und Performanz, also „Wachheit, Wertschätzung, Würde, Besonnenheit, Verantwortlichkeit, Kollegialität und Dialogfähigkeit im sozialen Handeln" (Schuch 2001, S. 4).

Petzold spricht von „Souveränität nach innen", da der Mensch kennen und steuern lernen muss und von „äußerer Souveränität", da der Mensch sich ein Territorium, Freiräume schaffen muss (Petzold 1998, S. 276).

■ **Fundierte Kollegialität**

Unter „fundierter Kollegialität" ist im Integrativen Ansatz ein fundiertes Miteinander von Kolleginnen und Kollegen gemeint, die ein „gemeinsames lebensweltliches Fundament und soziales Referenzsystem" (Petzold 1998, S. 291) haben. Sie sind gleichrangig, schätzen wechselseitig ihre Souveränität und respektieren die Integrität der/des Anderen und sind aufeinander bezogen. Kollegialität ist ein laufender Erkundungs- und Forschungsprozess „im Miteinander und durch das Miteinander" (Petzold 1998, S. 291). Die Qualität der Beziehungen zwischen Kolleg/innen im Lebensalltag muss immer wieder geprüft, bearbeitet, gepflegt und entwickelt werden. Fundierte Kollegialität wird somit im gemeinsamen Wahrnehmen, Erleben, Denken, Fühlen, Wollen und Handeln stets neu hergestellt. „Fundierte Kollegialität" bedeutet somit Zusammengehörigkeitsgefühl, Loyalität und Solidarität untereinander, Konfliktfähigkeit und die Bereitschaft zu fairen Auseinandersetzungen.

» Es ist damit ein Konzept, das für Beratung, Teamwork, Supervision und Arbeit in beruflichen Alltagskontexten eine ausgezeichnete Basis bietet (Petzold 1998, S. 291).

■ **Kokreativität**

Kokreativität entsteht im Rahmen interaktiver und kommunikativer Prozesse. Sie entwickelt sich durch die koreflexive und koemotive Verbindung vielfältiger Elemente wie Informationen, Materialien, Ideen, etc. (Petzold 1998, S. 296). Dadurch entstehen Verbindungen und zwischen komplexen Systemen. Kokreativität reduziert Komplexität. Dadurch entstehen „Lösungen höherer Ordnung". Es kann neue Komplexität erschlossen und bewältigt werden. Weiters können durch neuen Anordnungen von Information neue Herausbildungen aus gemeinsamen Kreationen entstehen (Petzold 1998, S. 296). Der Einsatz kreativer Medien fördert Kokreativität.

2.2.3 Methoden und Techniken der Integrativen Supervision

In der integrativen Supervision wird ein umfangreiches Inventar unterschiedlicher Methoden verwendet. Sie stellen planmäßige Handlungs- und Deutungsmuster dar, die auf einem konzeptionellen Ansatz basieren. Möller (2001) beschreibt, dass für die

Kreation neuer Inhalte etwa imaginative, experimentelle und zum Teil regressive Prozesse erwünscht sind. Im Idealfall ist der Umgang mit den Methoden flexibel und kreative (Möller 2001, S. 74).

Bezüglich der Verwendung der Begriffe wie Methoden, Instrumente, Übungen, Techniken, Tools stellt Reichel fest, dass die Definitionsmacht längst verloren ist, da diese Begriffe nach persönlicher Vorliebe, Gewohnheit oder angepasst an die Zielgruppe verwendet werden (Reichel 2001, S. 251). Den Begriff der Methode verwenden wir hier als Ensemble von Strategien innerhalb eines Verfahrens. Den Begriff Technik verwenden wir als Instrument zur Strukturierung von Situationen im Rahmen einer Methode.

Es würde den Rahmen dieses Buches sprengen, die in der Integrativen Supervision verwendeten Methoden und Techniken umfassender darzustellen. Daher beschränken wir uns darauf, einige uns wesentlich erscheinende exemplarisch zu benennen.

Die Methoden der Integrativen Supervision lehnen sich an Methoden aus der Gestalttherapie, der Systemischen Familientherapie, der Verhaltenstherapie, der Psychoanalyse und dem Psychodrama an. Sie stellen somit Zugänge von verschiedenen Verfahren dar.

In der Integrativen Supervision verwendete Methoden sind etwa die rationale Reflexion im Dialog und im Polylog, die eine gezielte Auseinandersetzung mit planmäßigen Deutungsmustern der Supervisandinnen und Supervisanden ermöglicht.

Mit Polylogen sind im Sinne Petzolds (2002) vielstimmige Diskurse, um miteinander Entwicklungen voranzutreiben, gemeint.

Methoden aus dem Psychodrama sind beispielsweise Zukunftsexplorationen, Spiegeln, Rollentausch oder Imaginationsübungen. Schreyögg (2000) hat dazu Hintergrund, Anwendungsmöglichkeiten und Beispiele genauer beschrieben.

Methoden aus der Gestalttherapie zielen auf ein Aufheben von Blockierungen im Wahrnehmen, Erleben und Handeln und auf ein Freisetzen von Potenzialen. Wirkungsfaktoren sind die Umstrukturierung innerpsychischer Prozesse und die Entwicklung neuer Deutungs- und Handlungsmuster. Methoden aus der Gestalttherapie sind etwa Awareness-Übungen, Sprachspiele, Rollenspiele, Experimente und die Anwendung kreativer Medien (Schreyögg 2000; Möller 2001).

Als Möglichkeit mit Farben oder Collagematerialien Themen bildlich darzustellen und verschiedene Bereiche von Realität anzusprechen, können Culture Charts, Power Maps oder Piktogramme eingesetzt werden. Sie sind Instrumente kokreativer Intervention (vgl. dazu Petzold et al. 1996).

Weitere in der Integrativen Supervision verwendete Techniken sind etwa der leere Stuhl (vgl. dazu Möller 2001). Oder die Technik des „high chair", welche die Supervisandin/den Supervisanden eine Situation von einem erhöhten Sessel aus betrachten lässt, um Exzentrizität zu gewinnen. Die Technik des Helikopters ermöglicht den mehrperspektivischen Zugang zu einer Fragestellung in der Supervision. Kokreative Ansätze sind Skulpturen und Modellierungen und Aufstellungsarbeit und die Panoramatechnik (vgl. dazu Petzold et al. 1996).

▪ Kreative Materialmedien

Der Begriff „Kreative Materialmedien" bezeichnet Medien, die einerseits Informationsfunktion haben, andererseits dazu dienen, einem Menschen neue Erfahrungen zu eröffnen und seine Deutungs- und Handlungsmuster erweitern (Schreyögg 2000, S. 388).

Die Arbeit mit kreativen Medien hat Petzold (1987) bereits Anfang der 1960er Jahre im Kontext mit multimedialen Theater angewendet, Mitte der 1960er Jahre dann in der Behandlung und Aktivierung alter Menschen und schließlich Anfang der 1970er Jahre als „Multimediatherapie" in der Arbeit mit Drogenabhängigen eingesetzt. Als „komplexes Kreativitätstraining" mit Vorschulkindern und in der Erwachsenenbildung hat er diesen Ansatz seit 1965 angewendet. Durch die Entwicklung der „Integrativen Therapie" wurde schließlich das Konzept des multimedialen Ansatzes zugunsten eines intermedialen Konzeptes der „Therapie mit kreativen Medien", einer „Integrativen Kunst- und Kreativitätspsychotherapie" fallen gelassen. Hintergrund ist eine ganzheitliche Ausrichtung und ein integrativer Anspruch. Petzold (1987) verwendet den Begriff „Kunsttherapie" als Oberbegriff für alle Formen, die sich künstlerischer Methoden, Mittel und Medien bedienen: „Kunsttherapie bzw. Therapie mit kreativen Medien ist die theoriegeleitete Einwirkung auf den Menschen als Ganzen in seiner körperlich-seelisch-geistigen Realität, seinen bewussten und unbewussten Strebungen und seinen sozialen und ökologischen Eingebundenheiten, die geplante Beeinflussung von Haltungen und Verhalten, durch den indikationsspezifischen Einsatz von kreativen Medien und kunstbezogenen Methoden im Rahmen einer „therapeutischen Beziehung" mit den Zielen der Heilung und Linderung von Krankheit und der Entwicklung und Bereicherung der Persönlichkeit" (Petzold 1987, S. 588).

Der metatheoretische Hintergrund hierfür zeigt sich auf mehreren Ebenen:

- Das anthropologische Konzept hinter diesem Verfahren geht davon aus, dass der schöpferische Ausdruck als allgemeines menschliches Vermögen in der Sinnentätigkeit des Leibes wurzelt, in der Möglichkeit der Erinnerung durch das Leibgedächtnis in der leiblich-konkreten Interaktion. Dadurch entsteht und drückt sich Fantasie und Kreativität aus. Kreativität ist die hervorragendste Möglichkeit des Menschen, sich als Individuum und als Gemeinschaftswesen zu verwirklichen (Petzold 1987).
- Auf der ethischen Ebene ist für Kunst ein anderer Mensch, ein Dialog, ein Diskurs, also die inter-subjektive Ko-Respondenz notwendig, sie erfordert ein kokreatives Milieu. Auf der erkenntnistheoretischen Ebene, wo es um Erklären und Verstehen geht, wird mit „inneren Resonanzen" gearbeitet, etwa durch die Anregung, nichtsprachlich und aus dem Eindruck heraus zu reagieren. Ein neuer Gestaltungsprozess beginnt, wenn der Mensch zu einem Bild, das er vorher selbst gemalt hat, anschließend verbalisiert.
- Ganzheitliche Ansätze verbinden immer Verbales und Nonverbales (Petzold 1987).

Die nonverbale Korrespondenz in zum Beispiel der gemeinsamen Gestaltung eines Bildes ist eine Möglichkeit des „diagnostischen Erfassens, des therapeutischen Gestaltens und der interpersonalen Dynamik" (Petzold 1987, S. 737).

Teamsupervision muss zugleich personen-, gruppen- und feldorientiert sein und problem- und kompetenzorientiert (Petzold und Orth 1996). Sie richtet sich auf die Gruppe, auf den Einzelnen, auf Belastungen und Defizite und auch auf Ressourcen und Potenziale. Durch diese multiple Aufgabenstellung bietet sich die Arbeit mit kreativen Medien an. Der Einsatz kreativer Medien fördert und initiiert kokreative Prozesse in Organisationen, Institutionen und Feldern. Ebenso werden dadurch konnektierende Prozesse gefördert wie Interaktion und Kommunikation, Kooperation und Konflux und die systematische koiterative Arbeit, also das gemeinschaftliche, sorgsame Elaborieren und Verfeinern von Konzeptionen, die gemeinsam immer wieder durchgegangen werden, bis sie stimmen (Petzold 1998).

Für Richter (2009, S. 37) sind kreative Materialmedien und analoge Ausdrucksmittel wie Hilfsbühnen oder Nebenbühnen im Sinne von Experimentalbühnen. Das Stück wird in einer anderen Sprache und mit anderen Gestaltungsregeln gespielt, kann anders gespielt werden. Sogar der Schluss kann umgeschrieben werden.

Literatur

Ebert, W., & Könnecke-Ebert, B. (2007). Einführung in die Integrative Beratung und Therapie mit Suchtkranken. In H. G. Petzold, P. Schay, & W. Ebert (Hrsg.), *Integrative Suchttherapie*. Wiesbaden: VS Verlag.

Leitner, A. (2010). *Handbuch der Integrativen Therapie*. Wien: Springer.

Möller, H. (2001). *Was ist gute Supervision. Grundlagen – Merkmale – Methoden*. Stuttgart: Klett-Cotta.

Petzold, H. G. (1987). Überlegungen und Konzepte zur Integrativen Therapie mit kreativen Medien und einer intermedialen Kunstpsychotherapie. In H. G. Petzold & I. Orth (Hrsg.) (1990). *Die neuen Kreativitätstherapien. Handbuch der Kunsttherapie*. Paderborn: Junfermann.

Petzold, H. G. (1998). *Integrative Supervision, Meta-Consulting & Organisationsentwicklung. Modelle und Methoden reflexiver Praxis. Ein Handbuch* (Bd. I). Paderborn: Junfermann.

Petzold, H. G. (2002). Zentrale Modelle und Kernkonzepte der „Integrativen Therapie". *Polyloge: Materialien aus der Europäischen Akademie für psychosoziale Gesundheit*, Ausgabe 02/2002.

Petzold, H. G. (2003). *Integrative Therapie* (3 Bde). Paderborn: Junfermann.

Petzold, H. G. (2004). „Transversale Identität und Identitätsarbeit". Die Integrative Identitätstheorie als Grundlage für eine entwicklungspsychologisch und sozialisationstheoretisch begründete Persönlichkeitstheorie und Psychotherapie. Düsseldorf/Hückeswagen, bei ► www.FPI-Publikationen.de/materialien.htm. *Polyloge: Materialien aus der Europäischen Akademie für psychosoziale Gesundheit*, Ausgabe 10/2001 (Erstveröffentlichung 2001).

Petzold, H. G., & Orth, I. (1996). Das Konflux-Modell und die Arbeit mit kokreativen Prozessen in Teamarbeit, Teamsupervision und Organisationsberatung. In *Kunst und Therapie* 1/1997. Claus Richter Verlag.

Petzold, H. G., Orth, I., & Sieper, J. (1999). Psychotherapie: Mythen und Diskurse der Macht und der Freiheit erschienen. In H. G. Petzold & I. Orth (Hrsg.), *Die Mythen der Psychotherapie. Ideologien, Machtstrukturen und Wege kritischer Praxis* (S. 11–66). Paderborn: Junfermann.

Petzold, H. G., Schigl, B., Fischer, M., & Höfner, C. (2003). *Supervision auf dem Prüfstand. Wirksamkeit, Forschung, Anwendungsfelder, Innovation*. Opladen: Leske + Budrich.

Petzold, H. G., Schneiter, U., & Rodriguez-Petzold, F. (1996). *„Culture Charts" und „Power Maps" – kokreative Ansätze in Supervision, Metaconsulting und Organisationsentwicklung*. Düsseldorf: Fritz Perls Institut. In Petzold (1998), S. 305–350.

Reichel, R., & Rabenstein, R. (2001). *kreativ beraten. Methoden, Modelle, Strategien für Beratung, Coaching und Supervision*. Münster: Ökotopia.

Richter, K. F. (2009). *Coaching als kreativer Prozess*. Göttingen: Vandenhoeck & Ruprecht.

Schreyögg, A. (2000). *Supervision – ein integratives Modell. Lehrbuch zu Theorie & Praxis*. Paderborn: Junfermann.

Schuch, W. (2001). Grundzüge eines Konzeptes und Modells „Integrativer Psychotherapie". In H. G. Petzold (Hrsg.), *Jubiläumsausgabe Integrative Therapie* (S. 145–202). Paderborn: Junfermann.

Integrative diagnostische Grundhaltung

S. Pelzmann, B. Strümpf, *Integrative Tools für die Team- und Organisationsdiagnose*,
https://doi.org/10.1007/978-3-658-19831-2_3

Zentrales Anliegen der Integrativen Supervision und Organisationsentwicklung ist der Umgang mit mehrgestaltiger Wirklichkeit, mit komplexen Realitäten. Die Supervisanden bringen die Bereitschaft zur Auseinandersetzung mit den eingebrachten Themen mit. Sie ziehen selbst Schlüsse und beschließen Maßnahmen. Die Supervisorinnen sind für den Supervisionsprozess verantwortlich und sind somit zum Großteil Prozessberaterinnen. Sie bringen Metabeobachtungen und eigene Phänomenwahrnehmungen ein. Ziel Integrativer Supervision und Organisationsentwicklung ist das fließende koreflexive Zusammenspiel kreativen Tuns (Petzold et al. 1996; Petzold und Orth 1996). Mit Ko-Reflexion ist ein gemeinsames Nachdenken, ein Miteinander-Denken gemeint, wo verschiedene Möglichkeiten verglichen werden. In reflexiven Kulturen kann Reflexion die Verhältnisse bis in ihre Basis hinein verändern (Petzold 1998).

Damit ist eine bestimmte integrative diagnostische Grundhaltung verbunden. Einige wesentliche Aspekte wollen wir in der Folge kurz darstellen.

3.1 Ganzheitliches Wahrnehmen

Ganzheitliches Wahrnehmen erfolgt durch mehrperspektivische Zugangsweisen auf die vielgestaltige Realität der Organisation. Aufgabe der Supervisorin ist es, unterschiedliche Wahrnehmungsebenen zugänglich zu machen, wie das leibliche Erleben, szenisches Erleben und atmosphärisches Erfassen. Unterschiedliche individuelle Wahrnehmungen werden zusammengeführt und gemeinsam der Versuch der Interpretation unternommen. So entstehen neue Formen komplexer „organisierter Information".

3.2 Mehrperspektivische Diagnose

Der Integrative Ansatz in Supervision und Organisationsentwicklung umfasst von der Methodik her eine mehrperspektivische Sicht. Der Zugang zur Diagnostik erfordert nicht nur „unterschiedliche Brillen" sondern unterschiedliche Erkenntnisweisen (Petzold 1998, S. 51 f.). Er ist geprägt von permanenten Übergängen, mehrperspektivischem Reflektieren und Metareflektieren in vielfältigen Bezügen. Dadurch ist ein Durchdringen der eigenen Position und ihrer Kontexte möglich und die Komplexität erschließt sich mehr und mehr (Petzold 1998, S. 34 f.).

Grundlage dieses Ansatzes ist die Annahme, dass die vorhandene Wirklichkeit, das, was vorgefunden wird, vielgestaltig ist. Die durch emotionales Erleben und kognitives Erkennen hervorgebrachten Realitäten sind ebenfalls pluriform.

3.3 Tetradisches System

Das „tetradische System" ist ein Prozessmodell, das idealtypisch den Verlauf in Beratungsprozessen beschreibt. Die vier Phasen verlaufen idealtypischer Weise folgender Maßen (nach Petzold 1998, S. 273, 2003, S. 499; Ebert und Könnecke-Ebert 2007, S. 189):

- **Initialphase:** Das ist die Phase der Problemdiagnose, der Materialsammlung, der Differenzierung und Erkundung, Kontakt herstellen, Kohäsion der Gruppe herstellen

- **Aktionsphase:** Das ist die Produktionsphase, die Phase der Er- und Bearbeitung von Problemen, Themen und Ressourcen
- **Integrationsphase:** Hier werden die Informationen, spontanen Lösungsmöglichkeiten und Handlungsperspektiven gesichtet, reflektiert und ausgearbeitet und die Materialien der Aktionsphase integriert zu konsensgegründeten Konzepten
- **Neuorientierungsphase:** Die Konzepte werden handlungsleitend und in die Praxis umgesetzt durch die Kooperation aller Beteiligten und bewirken eine Veränderung.

Nach dem Integrativen Ansatz ist das tetradische System Grundschema für den gesamten Beratungsprozess: Das heißt, die erste/n Beratungseinheit/en entsprechen der Initialphase, danach folgt die Aktionsphase, die wiederum einige Einheiten dauern kann, anschließend die Integrations- und die Neuorientierungsphase. Aber auch innerhalb einer Beratungseinheit läuft der Prozess nach dem Modell des tetradischen Systems: Zu Beginn der Einheit erfolgt die Initialphase, gefolgt von den drei anderen. Der Verlauf muss nicht immer geradlinig sein, sondern es können sich Phasen wiederholen, zusammenfließen oder spiralförmig aneinanderreihen. Für die Beraterin kann das Schema Orientierung geben, in welcher Phase sich der Prozess soeben befindet, sowohl in der momentanen Einheit als auch im Gesamtprozess.

3.4 Hermeneutische Spirale

Die Hermeneutische Spirale erklärt den Prozess des Erkenntnisgewinns. Sie führt vom Wahrnehmen einer Situation zu ihrem Erfassen, Verstehen und Erklären:

> Vom *Wahrnehmen* zum *Erfassen* zum *Verstehen* zum *Erklären* schreiten Erkenntnisprozesse *ko-respondierend* und *kokreativ* voran als Prozesse zwischen Subjekt und Mitsubjekt in *Kontext/Kontinuum* über einen Gegenstand (Thema) (Petzold 2003, S. 405).

In der Organisationsberatung hat die hermeneutische Spirale die Bedeutung, dass sie anzeigt, wie Erkenntnisprozesse laufen, sowohl in der Beratung, als auch im betrieblichen Alltag der Kunden. Die Erkenntnisprozesse zwischen Berater/in (z. B. Subjekt) und Kundinnen (z. B. Mitsubjekt) über eine Sache (Thema der Beratung) entwickeln sich vom Wahrnehmen über das Erfassen, das Verstehen und das Erklären spiralförmig weiter. Wobei der Kontext, die Einbindung in einen Rahmen (z. B. den Beratungsauftrag, das Umfeld usw.), und das Kontinuum, der zeitliche Lauf, wesentlich sind.

3.5 Phänomenologische Zugang

Der Integrative Ansatz basiert auf einer Arbeit von den Phänomenen zu den Strukturen und zu den Entwürfen (Petzold 1998). Das bedeutet, dass in der Integrativen Supervision und Organisationsentwicklung davon ausgegangen wird, welche Phänomene in der Supervision beobachtbar sind. Dann wird danach gefragt, welche Strukturen dahinterliegen könnten. Und schließlich um welche Entwürfe es sich handeln könnte. Die supervisorische Arbeit wird auch immer wieder kritisch selbst hinterfragt. Die Integrative Supervision und Organisationsberatung setzt sich mit der Psychodynamik von Einzelpersonen ebenso auseinander wie mit Organisations-, Institutions- und Felddynamiken. Sie stellt sich auch Fragen nach Freiräumen und Fremdbestimmtheit, Souveränität, Macht und Fragen nach den „Ursachen hinter den Ursachen" (Petzold 1998, S. 295).

3.6 Der Stil der Integrativen Supervision/ Organisationsentwicklung

In der integrativen Beratung geht es nicht nur um die inhaltliche Dimension von Themen und Fragestellungen, sondern darum, „*wie* ein Supervisor Themen bearbeitet und die Anwesenden in die Kooperation einbezieht" (Petzold 1998, S. 294). Der Stil der Integrativen Supervision/Organisationsentwicklung muss so ausgelegt sein, dass er selbst von Qualitäten der Koreflexivität und Souveränität, der Integrität und „fundierten Kollegialität" gekennzeichnet ist.

Damit die Grundlage für die kollegiale und kokreative Zusammenarbeit geschaffen. „Das Team wird auf diese Weise ‚als Ganzes' souverän und als funktionales System ‚sozial kompetent'" (Petzold 1998, S. 295).

Literatur

Ebert, W., & Könnecke-Ebert, B. (2007). Einführung in die Integrative Beratung und Therapie mit Suchtkranken. In H. Petzold, P. Schay, & W. Ebert (Hrsg.), *Integrative Suchttherapie*. Wiesbaden: VS Verlag.

Petzold, H. G. (1998). *Integrative Supervision, Meta-Consulting & Organisationsentwicklung. Modelle und Methoden reflexiver Praxis. Ein Handbuch* (Bd. I). Paderborn: Junfermann.

Petzold, H. G. (2003). *Integrative Therapie* (3 Bde). Paderborn: Junfermann.

Petzold, H. G., & Orth, I. (1996). Das Konflux-Modell und die Arbeit mit kokreativen Prozessen in Teamarbeit, Teamsupervision und Organisationsberatung. In *Kunst und Therapie* 1/1997. Claus Richter Verlag.

Petzold, H. G., Schneiter, U., & Rodriguez-Petzold, F. (1996). *„Culture Charts" und „Power Maps" – kokreative Ansätze in Supervision, Metaconsulting und Organisationsentwicklung*. Düsseldorf: Fritz Perls Institut. In Petzold (1998), S. 305–350.

Team- und Organisationsdiagnose

S. Pelzmann, B. Strümpf, *Integrative Tools für die Team- und Organisationsdiagnose*,
https://doi.org/10.1007/978-3-658-19831-2_4

Organisationsdiagnose

Team- und Organisationsdiagnose bedeutet für uns die Betrachtung der Organisation nach unterschiedlichsten Aspekten wie Menschen und ihre Rollen, Kommunikation, Struktur und Prozesse und ihre Wirkungen, Identität und Ziele, Geschichte der Organisation, Machtdynamiken, Kultur, etc. mit dem Ziel, die Lernfähigkeit der Organisation zu fördern. Die Aufgabe der Beraterin ist es, ein geeignetes Setting für die Team- und Organisationsdiagnose zu schaffen und die zu Beratenden, die Supervisanden, einzuladen, mit unterschiedlichen Brillen auf die Organisation hinzuschauen oder auf möglicherweise tabuisierte relevante Aspekte hinzuweisen.

4.1 Einführung in die Organisationsdiagnose

Hilarion Petzold hat als besondere Form der Supervision die „Systemsupervision" definiert (1994, S. 311 ff.):

> Systemsupervision betrachtet und untersucht das Funktionieren von personalen, sozialen, ökonomischen und ökologischen Systemen – Personen, Gruppen, Organisationen, Institutionen, Feldern – mit dem Ziel ihre Binnenregulation, die Kommunikation/Interaktion von Subsystemen und ihre Außenregulationen zu umliegenden Systemen zu verstehen, um dann durch systembezogenes Interventionen die Möglichkeit der Selbstregulation zu unterstützen, die Lernprozesse des Systems, seine Sinnerfassungs- und Handlungskapazität, sein Emergenzpotential – also insgesamt die „systemische Kompetenz und Performanz" zu fördern und zu optimieren.

Für uns ist die Systemsupervision eine Form der Organisationsberatung.

Die Organisationsdiagnose ist für uns die Basis weiterer Organisationsentwicklungsschritte. Sie bringt sowohl für das Management und die Mitarbeiter, wie auch für die Organisationsberater, wichtige Informationen, auf deren Basis die weiteren Organisationsentwicklungsschritte erarbeitet und aufgesetzt werden können.

Die Tools für Organisationsdiagnose (Methodenteil, ▶ Kap. 6) werden von den Mitarbeiterinnen und Mitarbeitern der jeweiligen Organisation durchgeführt. Die Mitarbeiter ziehen selbst Schlüsse und Maßnahmen aus den erwarteten Ergebnissen. Die Beraterin wirkt in diesem Bereich zum Großteil als Prozessberaterin, und bringt die Ergebnisse ihrer Metabeobachtung und Phänomene, die sie an sich wahrnimmt, in den Organisationsdiagnoseprozess ein.

Eine große Bedeutung spielt die Auftragsklärung bei Organisationsdiagnoseprozesse: Die Supervisorin hat die Aufgabe, die Zielsetzung und den Gegenstand der Supervision, der Organisationsberatung mit dem Auftraggeber abzuklären.

Wenn der Supervisor im Rahmen der Supervision, der Organisationsentwicklung mit der Gruppe erkennt, dass die ursprünglich vereinbarten Themen- und Zielsetzungen der Beratung geändert werden müssen, muss das mit der Auftraggeberin abgeklärt werden.

Systemsupervision oder Organisationsberatung kann dazu beitragen, die eigenen Systemgrenzen zu reflektieren. Doch Grund, Zweck und Ziel einer Organisation sind meist außer Streit gestellt, es herrscht Sachzwang. Dies hat immer wieder zum Vorwurf einer systemstabilisierenden Beratung und Supervision geführt, da sich Beratung und Supervision in ihrer Existenzform gefährden würde, wenn sie an den Grundlagen des Gesamtsystems rütteln würde.

Dies ist für uns eine besondere Frage der Auftragsklärung, soll und darf in der Supervision, in der Organisationsberatung, der Sinn und Zweck einer Organisation reflektiert werden? Wir sehen hier einen Übergang zur Strategieberatung, die sich ja mit dem Zweck und dem derzeitigen und zukünftigen Sinn der Organisation auseinandersetzen muss.

■ **Vorgehensweise**

Die Organisationsdiagnose ist die erste Phase im Organisationsentwicklungsprozess. Und erst auf Basis der Organisationsdiagnose, sozusagen einer gemeinsamen Standortbestimmung, kann eine Veränderungsstrategie entwickelt und umgesetzt werden.

Es ist wichtig, gemeinsam mit den Auftraggebern – eventuell auch unter Einbindung der Mitarbeiterinnen und Mitarbeiter, die Veränderungsagenden zu identifizieren.

Hier können unterschiedliche Organisationsaspekte definiert werden. Welche Wahrnehmungsfelder der Organisation betrachtet werden, hängt vom Ziel der Organisationsdiagnose und – Entwicklung, vom zu leistenden Beratungsumfang etc. ab.

Mögliche Aspekte der Organisationsdiagnose

- Geschichte der Organisation (Pioniere, Gefahren, erfolgreiche Strategien zur Meisterung von Krisen)
- Zweck und Aufgabe
- Strategie (Mission, Vision, Leitbild, strategische Ziele…)
- Menschen (Einzelpersonen, Rollen- und Extrarollenverhalten, Gender, Kommunikation, Konflikte, Macht, Herzblut)
- Kommunikation (formell, informell, Struktur, Instrumente etc.)
- Struktur und Ablauforganisation
- Kultur (Sprache, Kleidung, Ausstattung der Arbeitsumgebung, Arbeitszeit, etc.)
- Infrastruktur (erster Eindruck, Ausstattung, Raumaufteilung, Raumgröße, etc.)
- Führung und Steuerung (Instrumente, Führungsstil, welches Verhalten wird belohnt, Entscheidungsstruktur, etc.)

Interessant kann es sein, wenn der Berater, die Beraterin ihre eigenen Resonanzphänomene in die Organisationsdiagnose einbringt (freischwebende Aufmerksamkeit, etc.).

Bei jedem Organisationsentwicklungsprozess ist es notwendig, den Diagnoserahmen genau festzulegen und die Vor- und Nachteile der jeweiligen Betrachtungsfenster der Organisation zu definieren.

Weiter sind die Betrachtungsfenster und das Ausmaß der Beteiligung gemeinsam mit den Auftraggebern zu erarbeiten, wer soll in den Diagnoseprozess einbezogen werden, wer soll eigene Erfahrungen einbringen, wer soll in den Prozess gleich zu Beginn einbezogen werden, weil sonst das Risiko des Widerstandes im geplanten Organisationsentwicklungsprozess zu groß wäre.

Die Zielsetzungen der Organisations- und Teamreflexion müssen klar definiert werden, geht es darum die Sensibilität, den Bewusstseinsgrad der Organisationsteilnehmer zu erhöhen und Organisationslernen anzustoßen oder geht es darum, mit der Organisationsdiagnose eine Basis für Organisationsentwicklungsprozesse zu setzen und die Diagnosephase sozusagen als breites Analysemedium zu nutzen.

Organisationsdiagnose ist eine machtvolle Intervention in die Organisation und fördert die Reflexion auf vielen Ebenen.

Der jeweilige Berater oder Supervisor hat die Aufgabe und die Verantwortung, die Aspekte der Organisationsdiagnose mit ihren möglichen Auswirkungen gemeinsam mit dem Auftraggeber abzusprechen. Es liegt in der Verantwortung der einzelnen Beraterin die Nebenwirkung unterschiedlicher Interventionen ins Organisationssystem einzuschätzen und einen sicheren Rahmen für die Bearbeitung dieses Aspektes mit den jeweiligen Methoden zu schaffen.

▪ Rollen und Funktionen

In Organisationen geht es immer wieder auch um Positionen, Rollenerwartungen, Rollenbefürchtungen und um Rollenkonflikte. Das Handeln von Menschen in Organisationen kann auch auf Basis der Dynamiken der unterschiedlichen Rollen im System betrachtet werden.

Ralph Linton hat 1945 die Rolle als „Gesamtheit von Kulturmustern definiert, die mit einem bestimmten Status verbunden sind". Der interpretative Rollenansatz ist auf Georg Herbert Mead zurückzuführen, da geht es um Einüben und Ausbalancieren bestimmter Rollenmuster.

Für Wiswede (1977) sind Rollen „relativ konsistente, mitunter interpretationsbedürftige Bündel von Erwartungen, die an eine soziale Position gerichtet sind und als zusammengehörig perzipiert werden".

Sowohl Normen und Erwartungen, aber auch Rechte und Pflichten beschreiben grundsätzlich, wie sich Personen in bestimmten Positionen verhalten „sollten".

Talcott Parsons beschreibt Gesellschaften als spezifisch strukturelle Gebilde und stellt fest, dass unabhängig von konkreten Mitgliedern, „soziale Orte" gegeben sind, die mit bestimmten Rechten und Pflichten ausgestattet sind. Parsons (1951) Konzept der Rolle versteht sich als ein „Komplex von Verhaltenserwartungen, die an das jeweilige Gegenüber gestellt werden und von diesem zunehmend bereitwilliger eingelöst werden."

Plessner (1985) begreift die Rolle als „ein dem sozialen Verhalten entsprechender Begriff, der Weite genug hat, die ganze Fülle zwischenmenschlicher Beziehungen in sich zu fassen und zugleich genügend Abwandlungsfähigkeit, um bruchlos von abstrakt generellen Aussagen zum Einzelfall hinzuführen". Die charakteristischen Eigenschaften von Rolle überhaupt lassen sich in den für eine Gesellschaft spezifischen Berufen, Stellungen, Tätigkeiten und Situationen konkretisieren und für das Verständnis ihres Ineinandergreifens fruchtbar machen. Plessner setzt sich kritisch mit den spezifischen Rollenerwartungen unserer Gesellschaft auseinander die die Rolle nur mit ihrer Funktion, aber nicht mit der privaten Situation des jeweiligen Rollenträgers betrachtet. Für Plessner steht der Mensch als soziales Wesen immer unter dem Zwang der Verkörperung sozialer Rollen, die ihm von der Gesellschaft abverlangt werden.

Jakob Levy Moreno definiert Rollen als Muster, die in einer spezifischen Kultur entwickelt wurden und im Laufe des Lebens weiterentwickelt oder verändert wird. Er stellt seine Rollen in einen konkreten Lebenszusammenhang.

Mead (1993) verbindet sein Rollenkonzept mit dem Identitätskonzept. Der Mensch kann die Rolle eines anderen übernehmen und gegebenenfalls aus dieser Perspektive auf sich selbst zurückblicken und so für sich selbst zum Objekt werden. Petzold und Mathias (1982) definiert „Rolle" wie folgt:

> Rolle wird dem sozialen Kontext zugeschrieben, aber auch persönlich ausgewählt, sie ist ein durch Sozialisation vermitteltes Modell, das aber auch persönlich verkörpert werden muss. Sie manifestiert sich als konkretes Verhalten in Aktion und Reaktion mit den Rollenspielpartnern im sozialen und kulturellem Atom.

Werden die Rollen im konkreten Handeln gespielt, können Entfremdungen nicht entstehen. Die Gefahr der Entfremdung besteht dann, wenn Handlungen zu Rollenkonserven degenerieren und zu Bestandteilen von Institutionen werden, die starr sind und über keine Flexibiltätsräume verfügen (Petzold 2002). Petzold betont, dass in solchen Gegebenheiten die Menschen das notwendige Maß an Spontaneität zur Bewältigung der Komplexität sozialer Rollen nicht mehr bereitstellen können.

In Organisationen spielen oft Inter-Rollenkonflikte eine Rolle, wenn Konflikte zwischen verschiedenen Rollen bestehen.

In Prozessen der Team- und Organisationsentwicklung ist es wichtig, Rollen und Funktionen abzustimmen und bestimmte Rollenerwartungen, Rollenzuweisungen in Organisationen zu besprechen.

Im Besonderen die Kundenrolle benötigt Aufmerksamkeit im Organisationsentwicklungsprozess, welche Eigenschaften werden dem Kunden attribuiert, welche Erwartungen und Befürchtungen mit dieser Rolle verbunden.

4.2 Der integrative, mehrperspektivische Dynamic Systems Approach

Als einen besonderen Aspekt der Team- und Organisationsdiagnose stellen wir hier das Modell des integrativen, mehrperspektivischen Dynamic Systems Approach vor. Es eignet sich im Rahmen einer Diagnose, um auf verschiedene Arbeitsdynamiken zu blicken.

Mit diesem Modell wird die Arbeitsbeziehung als Prozess betrachtet. In ihrem zeitlichen Verlauf (Kontinuum), in ihren Dynamiken, in ihrer Struktur und mit verschiedenen Kontextfaktoren. Dies ermöglicht ein komplexes Beobachten von Komplexität.

Im Sinne von Petzold (2007, S. 32) ist Supervision und somit Beratung von Teams oder Organisationen ein „praxisgerichtetes Reflexions- und Handlungsmodell, um komplexe Wirklichkeit mehrperspektivisch zu beobachten, multitheoretisch zu integrieren und methodenplural zu beeinflussen". Unter anderem soll die „Effizienz und Humanität professioneller Praxis" (Petzold 2007, S. 32) gesichert und entwickelt werden. Besonders wichtig für supervisorisches und somit organisationsspezifisches Beraten ist ein „differenziertes Verstehen der Handlungsfelder und Handlungsperspektiven" (Petzold 2007, S. 32). Denn daraus ergeben sich wichtige Perspektiven der Theorie- und Praxisentwicklung. Das hier vorgestellte Modell basiert auf dem integrativen, mehrperspektivischen Modell „Dynamic Systems Approach to Supervision" von Hilarion Petzold. Es wurde von uns aus dem Bereich Supervision weiterentwickelt auf den Bereich Team- bzw. Organisationsentwicklung.

Die einzelnen Variablen werden nun im Kontext der Team- und Organisationsentwicklung näher beleuchtet, um als Basis für Diagnosen dienlich zu sein (Petzold 2007, S. 33 ff.). Dazu werden die auf die Supervision bezogenen Aspekte hier speziell auf Teams und Organisationen umgelegt.

Variable (1) Beratungsbeziehung Sie ist das Kernstück für die beraterische Arbeit. Es umfasst das Arbeitsbündnis und eine gute, intersubjektive Beziehungsqualität. Die Beratungsbeziehung liefert die Basis für die beraterische Arbeit, also die Beobachtung des Prozesses, die Diskurse zwischen Berater/in und Kund/innen (also dem Team oder der Organisation), die Betrachtung eventueller Beziehungsprobleme des Teams bzw. der Organisation in seinem Umfeld und die Reflexion dieses Geschehens in Kontext und Kontinuum.

Variable (2) Feldvariable Ein Kontextfaktor ist das Feld, in dem das Team bzw. die Organisation agiert, beispielsweise der Wirtschaftsbereich, Bildungsbereich, das Heimwesen etc. Diese Felder haben unterschiedliche Traditionen, verschiedene Strukturmerkmale, unterschiedliche gesellschaftliche Bedeutung, unterschiedliche Ressourcenlagen. All dies sind wichtige Einflussgrößen für die Beratung, die betrachtet und reflektiert werden sollten.

Variable (3) Institutions- und Organisationsvariable Hier geht es darum, die Bedingungen der Institutionen wie Klinik oder Heime bzw. der Organisationen (Unternehmen, Vereine etc.) zu verstehen. Dadurch können die Einflüsse dieser Bedingungen und Dynamiken auf die Prozesse (z. B. Beratungsprozess, Organisation/Kunden-Prozess) erkannt und genutzt werden.

Variable (4) Berater/innenvariable Der Berater bzw. die Beraterin hat durch seine/ihre Expertenkompetenz, die Vertrauenswürdigkeit, die Kreativität, das Einfühlungsvermögen, die Rollenflexibilität großen Einfluss auf das Gelingen von Beratungsprozessen. „Deswegen ist seine personale, soziale und professionelle Kompetenz und Performanz zentraler Gegenstand" (Petzold 2007, S. 33).

Variable (5) Funktionsvariable Beratung hat bestimmte Funktionen. Petzold nennt hier folgende zentrale Funktionen:
- Begleiten/Bewerten
- Unterweisen/Anweisen im Sinne von Zurverfügungstellen von Fachwissen und/oder Handlungsvorschlägen
- Modellfunktionen im Sinne, dass der Berater/die Beraterin durch das Verhalten und Tun als Modell dient
- Beraten im Sinne der Förderung von Problemlösungen
- Unterstützung und empathische Begleitung zur emotionalen Entlastung, zur Unterstützung des Copings bei schwierigen Situationen
- Metabeobachtung als Beobachten des Beobachtens
- Metareflexion als bedeutendste Funktion beraterischer Arbeit
- Generelle Kompetenz- und Performanzförderung
- Bereicherung der persönlichen und professionellen Arbeit
- Bekräftigung des professionellen Selbstbewusstseins und der persönlichen Souveränität

Die praktische Umsetzung dieser Funktionen des Beratungsprozesses hat Auswirkung auf die Prozessqualität.

Variable (6) Methodenvariable Methoden, Techniken und Medien (z. B. verbales Vorgehen, Rollenspiel, Bewegungsarbeit, kreative Medien), die in der Beratung verwendet werden, sind wichtige Einflussfaktoren auf die Qualität und den Verlauf der Beratung.

Variable (7) Kundenbeziehung Nachdem in der Beratung von Teams und Organisationen Kunden nicht nur beraten werden, sondern Produkte und/oder Dienstleistungen angeboten werden, wurde hier der Begriff von Beratungsbeziehung auf Kundenbeziehung verändert. Der Auftrag des Teams bzw. der Organisation spielt in der Beratung eine wesentliche Rolle, daher wird auch die Beziehung des Teams bzw. der Organisation zu seinen/ihren Kundinnen und Kunden in den Blick genommen.

Variable (8) Effektvariable Die Effekte bzw. Ergebnisse aus der Beratung sind als technische Faktoren für die Beratungsbeziehung und den Beratungsprozess von Bedeutung. Das Wissen über die Wirksamkeit der Beratung hat Einfluss auf das Beratungsgeschehen, „denn das Handeln wird auch durch das geprägt, was man begründeterweise erwarten kann" (Petzold 2007, S. 36).

Variable (9) Aufgabenvariable Wie Aufgaben in der Beratung umgesetzt werden können, beeinflusst die Beratungsprozesse und die Beratungsbeziehung. Folgende Aufgaben können typisch sein:
- Strukturierung der Kundensituation
- Handhabung der professionellen Rolle
- Förderung der emotionalen Bewusstheit
- Selbsteinschätzung
- Förderung des Verständnisses von Kontexteinflüssen

Variable (10) Variable der Team- bzw. Organisationsmitglieder Hier wird statt des Begriffes Supervisanden der Begriff Team- bzw. Organisationsmitglieder verwendet, um dem Kontext der Team- und Organisationsberatung gerecht zu werden. Mit dieser Variable wird die Persönlichkeit der Team- bzw. Organisationsmitglieder in den Blick genommen, deren Stärken und Schwächen und deren professionelle Qualifikation. Hier besteht ebenso ein wichtiger Einfluss auf den Beratungsprozess und die Optimierung professioneller Kompetenz und Performanz.

Variable (11) Kundenvariable Nachdem Beratung von Teams und Organisationen im Kontext des Auftrages der Organisation in Bezug auf die Kunden geht, hat es natürlich auch eine Bedeutung für den Beratungsprozess, wer und wie die Kunden sind, um den Kontext besser zu verstehen.

Variable (12) Netzwerkvariable Das soziale Netzwerk der Kunden ist auch eine Bestimmungsgröße für den Beratungsprozess. Laut Petzold müssen die unterschiedlichen Perspektiven auf die Welt und die normativen Systeme des Netzwerks in den Blick genommen werden, da hier oftmals Konflikte im Aufeinandertreffen von Welten liegen. Beratung ist laut Petzold immer ein Arbeiten in und mit Netzwerken, da der Berater/die Beraterin durch die Beratung Teil des Netzwerks wird.

Variable (13) Sozioökonomische Situation Faktoren wie die wirtschaftliche Lage der Organisation und die wirtschaftliche Lage der Kunden der Organisation sind als globale Faktoren ebenfalls von Bedeutung für den Beratungsprozess, da sie Handlungsmöglichkeiten direkt beeinflussen.

Variable (14) Diskursvariable Petzold geht davon aus, dass in Organisationen und Feldern offene und verdeckte Prinzipien der machtvollen Strukturierung von Situationen (Diskurse) zum Tragen kommen. Dies sind globale Faktoren, deren Kenntnis für das Verständnis des Kundensystems, der Arbeitsbedingungen eines Teams oder des Funktionierens einer Organisation von zentraler Bedeutung sind. Der Beratungsprozess ist in hohem Maße von derartigen Diskursen bestimmt, daher müssen diese offengelegt werden. „Die Auseinandersetzung mit der Geschichte des Feldes, der Institution/Organisation, ihren normativen Systemen und übergeordneter gesellschaftlicher und historischer Einflussgrößen muss deshalb stets ein konstitutiver Teil" (Petzold 2007, S. 37) des Beratungsprozesses sein.

Variable (15) Prozessvariable Unter Bezug von komplexen Systemansätzen spricht Petzold hier von explizitem Einbeziehen der Prozessdimension unter konsequenter Temporalisierung des Beratungsgeschehens. Auch gruppendynamische Konstellationen der Teams und Organisationen sollen berücksichtigt werden.

■ **Fazit**

Das Beratungsgeschehen soll als Prozess in Kontext und Kontinuum gesehen werden, wobei es zu spiralförmigen Verschränkungen zwischen Kontext und Kontinuum kommt. Die Konnektivierung verschiedener Ebenen „muss gelingen, sonst wird keine konstruktive Arbeit möglich sein. Verwirrungen und Strömungen sind deshalb zu klären und Verbundenheiten zu fördern, weil nur so ein positiver Synergieeffekt eintreten kann" (Petzold 2007, S. 38).

Literatur

Mead, G. H. (1993). *Geist, Identität und Gesellschaft* (9. Aufl.), C. W. Morris (Hrsg.). Frankfurt: Suhrkamp.

Parsons, T. (1951). *The social system*. Glencoe, Ill: Free Press.

Petzold H. G. (1994). Mut zur Bescheidenheit. In R. Standardt & C. Löhmer (Hrsg.), *Zur Tat befreien. Gesellschaftspolitische Perspektiven der TZI-Gruppenarbeit* (S. 161–169). Mainz: Matthias Grünewald.

Petzold, H. G. (2002). Zentrale Modelle und Kernkonzepte der „Integrativen Therapie". *Polyloge: Materialien aus der Europäischen Akademie für psychosoziale Gesundheit,* Ausgabe 02/2002.

Petzold, H. G. (2007). *Integrative Supervision, Meta-Consulting, Organisationsentwicklung. Ein Handbuch für Modelle und Methoden reflexiver Praxis*. Wiesbaden: VS-Verlag.

Petzold, H. G., & Mathias, U. (1982). *Rollenentwicklung und Identität*. Paderborn: Junfermann.

Plessner, H. (1985). *Gesammelte Schriften X, Schriften zur Soziologie und Sozialphilosophie*. Frankfurt a. M.: Suhrkamp.

Wiswede, G. (1977). *Rollentheorie*. Stuttgart: Kohlhammer.

Ausgewählte Aspekte in der Organisationsdiagnose

S. Pelzmann, B. Strümpf, *Integrative Tools für die Team- und Organisationsdiagnose*,
https://doi.org/10.1007/978-3-658-19831-2_5

In diesem Kapitel beschreiben wir spezielle Aspekte der Organisationsdiagnose wie Kommunikation, Konflikt, Macht und Reflexives Management, die aus unserer Erfahrung heraus immer wieder Basisfolien für Team- und Organisationsdiagnosen sind. Diese Aspekte werden teilweise explizit von den Teilnehmerinnen in die Diagnoseprozesse eingebracht, teilweise wirken diese Aspekte implizit und können, indem sie besprechbar gemacht werden, für die weitere Entwicklung des Teams oder der Organisation genutzt werden.

Die Inhalte dieses Kapitels können genauso wie Inhalte des Kapitels „Prinzipien integrativer Arbeit" als fachliche Impulse im Rahmen der Einführung zu den Methoden, aber auch zur Diskussion der Methoden und Analyse der Ergebnisse mit den Teilnehmern verwendet werden sollen.

5.1 Kommunikation

Petzold (1990, S. 435) definiert menschliche Kommunikation als die Vermittlung von Information zwischen Subjekten in jeweils gegebenen Kontexten mit ihrem Vergangenheits- und Zukunftshorizont, ihrem Kontinuum. Kommunikation transportiert Informationen nach bestimmten generellen (genetisch disponierten) und spezifischen (kultur-, familien- und personenabhängigen) Regeln in symbolischer, nicht-sprachlich und sprachlich gefasster Form, sodass sie aufgrund von gemeinsamen Zeichenvorrat und Regelwissen, das heißt aufgrund „kommunikativer Kompetenz", von den an Kommunikationsprozess Beteiligten „gelesen" werden können.

Die kommunikativen Informationen werden identifiziert, zur Herstellung von Sinnbezügen interpretiert und gegebenenfalls zu Performanz verwandt, zu sinngeleitetem Handeln, welches wiederum in den Kontexten (das heißt auch auf die vorhandenen Interaktions- und Kommunikationspartner) wirkt.

5.1.1 Funktionen der Kommunikation in Organisationen

Je nach Argumentationsrichtung des zugrunde liegenden organisationswissenschaftlichen Ansatzes lassen sich unterschiedliche Bedeutungen von Kommunikation anführen.

Schon bei frühen Vertretern der Organisationswissenschaft fanden sich Hinweise auf die Bedeutung interner Kommunikation für die unternehmerische Effizienz (Barnard 1938, S. 91; Simon 1957, S. 54).

Doch trotzdem wurde die Bedeutung der Kommunikation als Effizienzfaktor in der Unternehmenspraxis lange Zeit verkannt.

Erst Forschungsergebnissen zu „Human-Relations"-orientierten Managementansätzen rückte die Bedeutung von Kommunikation in den Vordergrund. Mit Schlagworten wie „Humanisierung der Arbeitswelt", „Moderner Führungsstil", „Vertrauensvolle Zusammenarbeit" und „Mitbestimmung" ging die Annahme einher, dass langfristig nur diejenigen Unternehmen konkurrenzfähig bleiben werden, die im Bereich der internen Kommunikation gesteigerte Anstrengungen unternehmen (Bromann und Piwinger 1992, S. 191).

In den 80er Jahren hat sich in den USA daraus eine eigenständige Teildisziplin „Organisational communication" herausgebildet. Im deutschsprachigen Raum existiert keine vergleichbare Disziplin dazu.

Winterstein (1998, S. 11 ff. und 21 ff.) unterscheidet die Funktionen der Kommunikation in Organisationen in primäre und sekundäre Funktionen (◘ Tab. 5.1).

Funktionale und additionale, aufgaben- und motivationsbezogene Informationen sind in jedem Kommunikationsvorgang miteinander verbunden. Auch bei Informationen mit dem primären Ziel einer tätigkeitsbezogenen Anweisung hat der Kommunikationsstil eine motivationale Bedeutung und ist nicht zuletzt auch Ausdruck der Unternehmenskultur.

5.1.2 Kommunikatoren und Ebenen von Kommunikation

In hierarchischen Organisationsformen hängen Funktion und Merkmale kommunikativer Prozesse vor allem mit Besonderheiten der beteiligten Hierarchieebenen zusammen. Vereinfachend kann man drei Gruppen von Kommunikatoren, die Organisationsleitung, Führungskräfte und Mitarbeiter, sowie eine vertikale und horizontale Kommunikationsrichtung darstellen.

Den größten Anteil der Kommunikation in Organisationen – etwa zwei Drittel – macht nach Schätzungen der vertikale Informationsfluss aus (Anders 1986, S. 239). Auch in Forschungsbeiträgen steht überwiegend die Beziehung zwischen Führungskraft und Mitarbeiter im Vordergrund. In vielen Studien wird dabei die Bedeutung einer Rückkopplungsaktivität im Kommunikationsprozess herausgestellt.

Bei einer mehrstufigen Kommunikation durchläuft eine Mitteilung mehrere Stufen bis zu zum eigentlichen Adressaten gelangt, zum Beispiel von der Unternehmensleitung über Bereichs-, Abteilungsleiter und Führungskräfte bis zum ausführenden Mitarbeiter. Dabei kommt es zum „Stille Post" Effekt. Zwischengestaltete „Vermittler" interpretieren die Mitteilung bei der Aufnahme und geben sie mehr oder weniger verärgert weiter; Inhalte werden zusammengefasst und nach eigenem Gutdünken auf den Empfänger hin zugeschnitten, Informationen werden herausgefiltert, Details werden

◘ Tab. 5.1 Funktionen der Kommunikation in Organisationen. (Quelle: Winterstein 1998, S. 11 ff. und 21 ff.)

Primäre Funktionen	Vermittlung von Informationen über die gemeinsame Zielerreichung
	Festlegung und Koordination arbeitsteiliger Handlungen
	Aufgabenklarheit, Rollenklarheit
	Problemerkennung, Entscheidungsunterstützung
	Überprüfung und Verbesserung des Zielerreichungsprozesses
Sekundäre Funktionen (motivationale, additionale Funktionen)	Soziale Eingliederung, informeller Informationsaustausch
	Konfliktminderung und -vermeidung
	Motivation, Identifikation
	Zufriedenheit
	Betriebsklima und Unternehmenskultur
	Außenwirkung („interne PR")

fallen gelassen, subjektive Urteile über Relevanz oder Irrelevanz von Informationen fließen ein (O'Reilley und Pondy 1979, S. 135).

Die Folge mehrstufiger Kommunikationswege ist fast immer eine Reduzierung und zumeist eine Verfälschung des ursprünglichen Informationsgehaltes: In einer Studie von Nichols (1962, S. 4) kam nur ein Fünftel der Ausgangsinformation auf der untersten Organisationsebene an.

Aktuelle Veränderungsprozesse in Unternehmen, die auf einen Abbau hierarchischer Strukturen hinauslaufen, gehen nicht zuletzt einher mit veränderten Zielen im Bereich der internen Kommunikation, wie der stärkeren Betonung dialogorientierter Vorgehensweisen.

Kommunikationspolitik

Ziel der Kommunikationspolitik einer Organisation einer Organisation ist es, die Unternehmensaufgaben zu erfüllen und dazu Information zur rechten Zeit, am rechten Ort und in der notwendigen und nachgefragten Quantität und Qualität zur Verfügung zu stellen (Staehle 1990, S. 539).

Der Kommunikationspolitik liegen meistens Überlegungen zugrunde, die auf einfache Modellvorstellungen von Motivation basieren. Danach führt die Berücksichtigung der Bedürfnisse von Mitarbeiter durch verstärkte und offenere Kommunikation zu einer Motivationssteigerung und letztlich zu besserer Kooperation und Effizienz.

Interne Kommunikationspolitik kann in unterschiedlichem Ausmaß mitarbeiterorientiert sein. Bei einer reinen Unternehmerorientierung (Macharzina 1990, S. 30 ff.) wird Kommunikation lediglich funktional als Beitrag zur Realisierung der ökonomischen Unternehmensziele gesehen.

Eine Arbeitnehmerorientierung mit kooperativer Grundhaltung stellt den Informationsbedarf der Arbeitnehmer stärker in den Vordergrund und geht (zumindest auf den ersten Blick) über eine reine Kostendeterminiertheit hinaus.

Die Hauptaufgaben des Informationsmanagements ist die Planung und Koordination der innerbetrieblichen Kommunikationsprozesse zwischen Organisationsmitgliedern. Die Leitung legt dazu Rahmenbedingungen, Kommunikationsstrukturen und Informationsinhalte fest. Informationsmanagement ist damit auch ein zentrales Element von Führung.

Wirksam ist Kommunikation in Organisationen dann, wenn sie den bestehenden Kommunikationsbedarf berücksichtigt.

Faktoren des arbeitsbezogenen Informationsbedarfs (Winterstein 1998, S. 29 ff. und 97 ff.)

- Strukturiertheit der Aufgabe
- Art des Auftretens des Informationsbedarfs (Routineaufgaben vs. situationsabhängige Informationsanforderungen)
- Veränderung des Wissens- und Erkenntnisstandes im Verlauf von Lernprozessen
- Individuelle Ziele, subjektives Risikoempfinden und weitere personenbezogene Merkmale (Z. B. Neugier, Karrierestreben)
- Weitere situationsbezogene Merkmale (Z. B. Anteil am Unternehmenskapital, wirtschaftliche Lage, Spekulationen über die Sicherheit des Arbeitsplatzes)

Welchen Stellenwert die interne Kommunikation heute einnimmt, zeigt sich auch in ausformulierten Zielvorstellungen, die man in Unternehmensleitbildern, Grundsätzen, Führungsleitbildern und Arbeitsanweisungen findet.

Die Leitung selbst tritt in größeren Unternehmen eher selten als Kommunikator gegenüber den Mitarbeitern in Erscheinung, das kommunikative handeln der Organisationsleitung zielt vor allem auf die Beeinflussung des Verhaltens der Führungskräfte, die wiederum ihre Mitarbeiter zu Zielerreichung bewegen sollen.

▪ Kommunikationsstrukturen

In jeder Organisation entwickeln sich ganz spezifische Strukturen für kommunikative Prozesse. Diese sind einerseits durch die Aufbau- und Ablauforganisation und die festgelegten Kommunikationsziele bestimmt, darüber hinaus aber auch durch den Einfluss der einzelnen Kommunikationsteilnehmer geprägt. So entstehen neben den formalen Kommunikationsstrukturen immer auch informelle Kommunikationsstrukturen.

Informelle Kommunikationsstrukturen sind von großer Bedeutung, denn sie tragen erheblich zu Transparenz und Flexibilität der Organisation bei. So schafft informelle Kommunikation Möglichkeiten für den Austausch wichtiger arbeitsbezogener Informationen (Simon 1957, S. 168), da die formelle Kommunikation nicht auf alle denkbaren Situationen hin konstruiert werden kann und auch nicht immer am neuesten Stand ist.

Informelle Kommunikation spielt bei Ereignissen, die eine hohe Aufmerksamkeit der Mitarbeiterschaft auf sich zieht, als erste Quelle der Neuigkeit eine große Bedeutung.

Informelle Information kann aber auch zielkonträre Folgen haben: wenn zum Beispiel Informationen ohne erwiesenen Wahrheitsgehalt (Gerüchte), Fehlinformationen oder vertrauliche Mitteilungen an nicht dafür bestimmte Empfänger weitergeleitet werden (Spieß und Winterstein 1999, S. 62). Die Anzahl der Gerüchte steigt mit dem Ausmaß, in dem offizielle Verlautbarungen für unglaubwürdig und nicht zufrieden stellend gehalten werden.

Formelle wie informelle Kommunikationsbeziehungen lassen sich als Netzwerkstrukturen abbilden. Die Form und Funktonen dieser Kommunikationsnetzwerke haben Auswirkungen auf das Verhalten der einzelnen Mitarbeiter, auf das Verhalten einzelner Mitglieder und die Effizienz der Kommunikation.

Kommunikationsnetzwerke sind „die regelmäßigen Muster des Person- Person-Kontaktes, die festgestellt werden, wenn Menschen Information in sozialen Systemen austauschen“ (Monge 1987, S. 243). Grundlegende Betrachtungsweisen in Kommunikationsnetzwerken sind Fragen nach dem wer, was, wie und wozu.

Soziometrische Methoden erlauben die Feststellung der Kontaktfrequenz, der Präferenzbeziehungen und die Identifizierung einzelner Netzwerkrollen. Kommunikationsbeziehungen werden auch nach Kriterien wie Intensität, Reziprozität, Spezifität und Multiplexität (Grad des Austausches unterschiedlicher Inhalte) beschrieben.

Als Bestandteil von größeren Kommunikationsnetzwerken tauchen immer wieder typische, anhand von Kommunikationshäufigkeiten und Kommunikationsrichtungen definierbare Kommunikationsmuster auf (Shaw 1964, S. 113; Hoefert 1976, S. 159 f.). Elementare Typen solcher Muster werden als Stern (Rad), Kreis, Ypsilon, Kette, Alpha oder Vollstruktur bezeichnet.

Je nach Aufgabentypus erweist sich die eine oder die andere Form als effizienter.

▪ Kommunikationsverhalten

Bei allen kommunikativen Interaktionen zwischen Organisationsmitgliedern bestimmen persönliche Interessen, Ziele, persönliche Fähigkeiten, die persönliche Geschichte und das Umfeld die individuellen Handlungen. Im Spannungsfeld individueller und organisatorischer Ziele sind vor allem strategisches Informationsverhalten, Kommunikationsstil und Kommunikationsfähigkeiten bedeutsam.

„Strategisches" Kommunikationsverhalten Strategisches Informationsverhalten heißt, dass Informationen zurückgehalten oder verfälscht werden, dass der Informationszugang für andere beschränkt wird und dass bestimmte Mitarbeiter bei der Informationsweitergabe bevorzugt werden (Neuberger 1989, S. 1030). Informationsmanipulationen stehen in der Beliebtheitsskala mikropolitischer Taktiken an der Spitze.

Die Folge strategischen Informationsverhaltens ist, dass der interne Informationsfluss beschränkt und verzerrt ist oder auch zu einem Mangel an grundlegenden arbeitsbezogenen Daten führen kann.

▪ Kommunikationsstil und Kommunikationsfähigkeiten

Der Kommunikationsstil bezeichnet die „Art und Weise der verbalen und nonverbalen Interaktionen, die den Bedeutungs- und Interpretationszusammenhang einer Botschaft vermitteln soll" (Norton 1978, S. 99). Besondere Bedeutung kommt dabei der nonverbalen Kommunikation zu, die vor allem durch folgende Merkmale bestimmt wird:

- Tonfall, Betonung, Rhythmus, Timbre
- Gestik, Mimik, Augenkontakt, Haltung, Nähe, Chronemik

In der Regel ist der Inhaltsaspekt der Kommunikation verbal, der Beziehungsaspekt weitgehend nonverbal codiert (Watzlawick 1969, S. 64).

Im Kommunikationsverhalten in Organisationen spiegeln sich natürlich auch unterschiedliche Kommunikationsstile sozialer Gruppen wider. So können zum Beispiel „Soziolekte", unterschiedlicher Sprachgebrauch in bestimmten Subgruppen, zwischen jüngeren und älteren Organisationsmitgliedern oder zwischen Menschen mit unterschiedlichen Lebensstilen zu Barrieren im kommunikativen Verständnis führen.

So werden immer wieder auch Unterschiede im geschlechtsspezifischen Kommunikationsverhalten festgestellt (Dion 1985):

- Männer bevorzugen im allgemeinen einen betont sachlichen Kommunikationsstil, während Frauen häufiger Gefühle kommunizieren und sich eher mit emotionalen Aspekten der Kooperation auseinandersetzen
- Frauen neigen eher zu einer kooperativen Arbeitsweise und sind eher bereit, den Erfolg guter Leistungen mit anderen zu teilen
- Männer nehmen eher Mehrheitsentscheidungen in Kauf, während Frauen eher versuchen, Konsensentscheidungen herbeizuführen
- Männer suchen in Konfliktsituationen eher eine offene Konfrontation, Frauen dagegen eher Kompromisse oder konstruktive Lösungen.

Der Kommunikationsstil hängt eng mit den individuellen Kommunikationsfähigkeiten bzw. der kommunikativen Kompetenz zusammen.

Die kommunikative Kompetenz bezieht sich auf die grundlegende Fähigkeit zu kommunizieren (Spitzberg und Cupach 1984, S. 58 ff.) bis hin zu einer situationsangemessenen Kommunikation (Farace et al. 1978, S. 287). Kommunikative Kompetenz ist immer nur relativ, das heißt auf einen bestimmten sozialen Kontext, eine bestimmte Kultur und deren typische Interaktionsweisen bezogen. Oft wird unter „kommunikativer Kompetenz“ dasselbe verstanden wie unter „sozialer Kompetenz.“

Kommunikative Kompetenz entwickelt sich organisationsspezifisch, begleitend zum organisationsinternen Sozialisationsprozess. Der Kommunikationsstil einzelner Mitarbeiter wird von den Führungskräften und der Unternehmenskultur stark geprägt.

Conrad spricht von einer in vielen Organisationen vorzufindenden „gelernten Unfähigkeit“ zu kommunizieren.

5.2 Konflikt

Konfliktmanagement ist im Kontext von Supervision und Organisationsberatung häufig angesagt. Dafür werden unterschiedlichste Instrumente verwendet, um zu einer Lösung des Konflikts zu gelangen. Es werden vielfältige Konfliktlösungsstrategien eingesetzt, die mediativ sind, sie werden häufig auch als Verhandlungstechniken bezeichnet.

▪ Definition Konflikt

Der Begriff Konflikt wird unterschiedlich definiert, wobei sich die Definitionen durch die Vielfalt der Aspekte und durch ihre Weite und Schärfe unterscheiden. Friedrich Glasl (2004, S. 17) definiert soziale Konflikte in einer Synthese der Konfliktdefinitionen als Interaktion zwischen Aktoren, die Individuen, Gruppen, Organisationen usw. sein können. Dabei erlebt mindestens ein Aktor eine Differenz oder Unvereinbarkeit im Wahrnehmen und im Denken bzw. Vorstellen und im Fühlen und im Wollen mit dem oder den anderen Aktoren. Dadurch erfolgt beim Verwirklichen dessen, was der Aktor denkt, fühlt oder will, eine Beeinträchtigung durch einen bzw. die anderen Aktoren. Das bedeutet also, dass eine Interaktion, also ein aufeinander bezogenes Kommunizieren, vorhanden sein muss, und es genügt, wenn einer der Aktoren die Unvereinbarkeit als solche erlebt. Wenn sich nur Denk- und Vorstellungsinhalte widersprechen, ist kein sozialer Konflikt gegeben.

Der Sinn von Konflikten liegt oft darin, Unterschiede zu verdeutlichen und für die Zuweisung von Tätigkeiten nutzbar zu machen (Schwarz 2003). Sinnvolle Entscheidungen sind oft erst möglich, wenn alle unterschiedlichen Aspekte und Dimensionen eines Problems am Tisch liegen. Widersprüche sind rechtzeitig zur Sprache zur bringen. Der Sinn eines Konflikts liegt oftmals auch in der Herstellung einer Gruppeneinheit. Durch Konflikte werden Unterschiede und negative Haltungen bearbeitet und positiv interpretiert. Es kommen Vielfalt und Verschiedenheiten von Ansichten und Sachverhalten ans Tageslicht, Bedürfnisse und Gegebenheiten werden differenziert und dadurch die Individualität herausgearbeitet. Konflikte garantieren im Allgemeinen Gemeinsamkeit. Die klaren Linien und das Wesentliche müssen heraustreten. Das allgemeine Ziel rangiert vor den individuellen Bedürfnissen und Wünschen.

Konflikte garantieren Veränderung. Sowohl große Veränderungen in der menschlichen Geschichte, als auch die Weiterentwicklung von Gruppen und Organisationen und das Finden von Identität gehen häufig mit Konflikten einher. Konflikte erhalten auch das Bestehende. Sie sichern die Identität durch Erhalten des Bestehenden.

Der erste Schritt hin bei einer Konfliktbearbeitung ist es, mit den Supervisanden Material zu sammeln, den Konflikt genauer zu analysieren, die unterschiedlichen Konfliktarten zu erkennen. Dieser erste Teil der Konfliktlösung, nämlich die Diagnose soll in diesem Kapitel näher beleuchtet werden. Dazu werden einige Methoden nach dem integrativen Ansatz vorgestellt, die im Rahmen von Konfliktdiagnosen eingesetzt werden können. In diesem Buch wird ausschließlich auf die Diagnose fokussiert, die weiteren Interventionsmöglichkeiten sind nicht Zielsetzung. Zunächst werden einige Grundlagen vorgestellt, welche den Supervisoren bei der Bearbeitung von Konflikten als Hintergrundwissen dienlich sein können.

■ Überblick über Konflikte in Gruppen und Organisationen

In der Folge wollen wir kurz darstellen, welche Konflikte in Gruppen und Organisationen typischer Weise auftreten können. Schwarz (2003) unterscheidet persönliche Konflikte, Gruppenkonflikte, Organisationskonflikte, Institutionskonflikte, Systemkonflikte, Konflikte um Virtualität und Konflikte um virtuelle Realität:

Persönliche Konflikte sind häufig Konflikte aus der Funktion, der Arbeitswelt oder im privaten Bereich und hängen meist mit dem eigenen Konfliktpotenzial aus der Kindheit zusammen.

Bei den Gruppenkonflikten unterscheidet Schwarz zwischen Untergruppenkonflikten (Paar oder Dreieck versus Gruppe), Territorialkonflikte (große Emotionen, lange andauernd, z. B. über die Ausstattung eines Zimmers, Feilschen um Kompetenzen) und Rangkonflikte. Die Rangkonflikte sind in einer Organisation am Häufigsten, die Rangpositionen werden nach der Wertigkeit der Positionen festgelegt. Weitere Konflikte in Gruppen sind Normierungs- und Bestrafungskonflikte, dabei geht es um Regeln und deren Einhaltung. Ebenso gibt es Zugehörigkeitskonflikte, Themen dabei sind Membership, Außenseiter und Neue, Mobbing oder die Integration von Frauen in Männergruppen. Unterschieden werden auch Führungskonflikte. Bereits in der Familie gibt es meist zwei „Vorgesetzte", Mutter und Vater. Es kann ein klassisches Führungsproblem entstehen, die Differenzierung in Vorgesetzte und Spezialisten. Reifungs- und Ablösungskonflikte sind eine weitere Kategorie. Substitutionskonflikte bedeuten das Verschieben eines Konflikts auf einen anderen Konfliktgegenstand. Eine geeignete Intervention könnte sein, den Konflikt auf den Punkt zu bringen, an dem er existiert. Oder Rationalisierungen zu hinterfragen und Interessen direkt anzusprechen. Bei Loyalitäts- oder Verteidigungskonflikten wird ein Mitglied von außen angegriffen, die anderen stehen vor der Wahl, sich hinter das Mitglied zu stellen oder nicht.

Bei Organisationskonflikten sieht Schwarz (2003) das Grundmuster in den Stammesfehden, also den Konflikt zwischen Gruppen. Schwarz vermutet, dass Gruppen nicht auf Dauer kooperieren, sie stehen zueinander in Konkurrenz. Er unterscheidet Abteilungsegoismus (Gruppe versus Organisation), Herrschaftskonflikte (Zentrale gegen Außenstellen), Doppelmitgliedschaftskonflikte, Veränderungskonflikte (ändert sich die Umwelt, muss sich auch das Normensystem ändern; Unterscheidung in Auflösung und Neuformierung von Gruppen, Rollenänderungen, soziotechnische Änderungen, Norm- und Standardänderungen), Normkonflikte (Normkonflikte zwischen Subgruppen, Konflikte durch Normendichte oder Normendauer), Strukturkonflikte (Führungskraft hat zwei „Hüte" oder Gegensatz von vertikaler und horizontaler

Arbeitsteilung oder Leistungsprinzip befördert eine Person in die Führungsposition) und Verfassungs-, Repräsentations- und Legitimationskonflikte (Konflikte zwischen zentralen, normalen und peripheren Gruppenmitgliedern).

Mit Systemkonflikten meint Schwarz (2003) Konflikte, die auf unterschiedlichen vorausgesetzten Denksystemen beruhen wie interkulturelle Konflikte, Konflikte der Qualität und Quantität und virtuelle Konflikte.

Friedrich Glasl zeigt auf (2004, S. 152), dass es durch die Behandlung von Konflikten in Organisationen sehr häufig im weiteren Verlauf zu einem Prozess der Organisationsentwicklung kommt. Dabei können nicht nur Wunden geheilt, sondern die Organisation als Ganzes gründlich überdacht werden. Er sieht darin eine positive Funktion von Konflikten, denn weil Konflikte den ganzen Menschen angreifen, setzen sich die betroffenen Menschen im Konflikt mit der Organisation existenziell auseinander. Dadurch gestalten sie ihre Organisation neu.

Im Coaching tritt Konfliktcoaching häufig bei formalen Doppelspitzen und bei vielen Quasi-Doppelspitzen auf (Schreyögg 2005). Doppelspitzen sind laut Schreyögg hochgradig konfliktanfällig. Konfliktdiagnose hat einen besonderen Stellenwert für die Wahl der jeweiligen Interventionsstrategie.

■ Darstellung von Konfliktlösungsstrategien

Ähnlich wie die Konfliktarten lassen sich auch die Lösungen auf einige wenige Grundmodelle zurückführen. Unter Lösung versteht Schwarz (2003), dass die Gegner einen Modus gefunden haben, in dem der Gegensatz soweit verschwunden ist, sodass die Handlungsfähigkeit von beiden oder im Extremfall von einem nicht weiter beeinträchtigt wird.

Für das Entstehen eines solchen Modus der wiedererlangten Handlungsfähigkeit gibt es sechs Grundmuster, die hier in der Reihenfolge der Lernentwicklung im Sinne einer Höherentwicklung angeführt werden (Schwarz 2003):

1. **Flucht:**
   Fluchtverhalten und Aggressionsverhalten kommen fast immer parallel vor und ergänzen einander. Flucht ist ein archaisches Muster. Der Vorteil ist, dass man rasch einer Konfliktsituation entkommt. Es gibt keine Verlierer und die Lösung ist oft einfach und schmerzlos, zunächst energiesparend und hat wenig Risiko. Hauptnachteil der Lösung durch Flucht ist, dass kein Lernprozess initiiert wird.
2. **Vernichtung des Gegners:**
   Dazu gehören auch Rufmord, Entlassung und Mord. Der Mensch hat nicht die Tötungshemmung wie die Tiere. Vorteil ist, dass der Gegner rasch und dauerhaft besiegt ist, größter Nachteil ist, dass durch den Verlust des Gegners gleichzeitig auch der Verlust einer Alternative gegeben ist. Entwicklung wird stark gefährdet, Fehler sind nicht korrigierbar.
3. **Unterordnung des einen unter den anderen:**
   Hauptvorteil ist die Möglichkeit der Arbeitsteilung. Nachteil ist, dass die Umkehrbarkeit nicht immer funktioniert, viele Konflikte dadurch nicht gelöst, sondern perpetuiert werden und der Stärke siegt und nicht unbedingt der, der recht hat.
4. **Delegation an eine dritte Instanz:**
   Hier wird der Konflikt auf eine „höhere Ebene" gehoben, wo der Gegensatz verschwindet. Diese Art der Konfliktlösung ist eine der größten Kommunikationserfindungen in der Geschichte der Kulturen. Der Dritte, an dem Konflikt nicht selbst Beteiligte, hat die Funktion, dass er in Konflikten vermittelt und womöglich

eine Lösung herbeiführen kann. Er sorgt dafür, dass die beiden Konfliktparteien weiterhin koordiniert werden und über ihn kommunizieren, er versucht meist, das Problem auf eine höhere Ebene zu legen. Dadurch kann der Konflikt von außen betrachtet werden.

5. **Kompromiss:**
   Ein Kompromiss ist der Übergang zur selbst bestimmenden Konfliktlösung und bedeutet, dass in einem bestimmten Bereich eine Teileinigung erzielt werden kann. Teileinigung ist aber auch Teilverlust. Das eigentliche Ziel des Kompromisses ist der Konsens.
6. **Konsens:**
   Die Suche nach Konsens hat erst dann Sinn, wenn Flucht, Vernichtung, Unterwerfung, Delegation und Kompromiss versagen. Wenn die Kontroverse nicht nur emotional, sondern auch sachlich den Axiomen der Logik widerspricht und somit logische Ausweglosigkeit vorherrscht. Der Entwicklungsprozess, der die Verflüssigung und Neuformierung der beiden Gegensätze auf eine gemeinsame Synthese beinhaltet, durchläuft mehrere Stadien. Zunächst müssen mehrere Lösungen durchprobiert werden, erst aus ihrem Scheitern wird eine mögliche Lösung klarer. Meist brauchen Konflikte in logischer Ausweglosigkeit eine Außeninstanz, die den Lernerfolg vorantreibt, nicht aber eine Entscheidung trifft. Eine gemeinsame Lösung kann von den Konfliktparteien nur gefunden werden, wenn beide auf derselben Stufe stehen, also der andere genauso einen Konsens sucht. Solange jemand große Vorteile daraus zieht, dass er auf einer bestimmten Konfliktstufe verharrt, gibt es für ihn keinen Anreiz, sich auf eine Konfliktlösung einzulassen. Dies gelingt nur, wenn man die Nachteile einer Lösung größer macht als die Vorteile.

5

■ Aufgabe des Supervisors

Die Supervisorin unterstützt die Supervisanden bei der Konfliktlösung, sowohl auf der rationalen als auch auf der emotionalen Ebene dabei, einen Konflikt zu klären und eine Lösung zu finden (Strümpf 2013). Die Lösung soll für alle an dem Konflikt Beteiligten haltbar und tragbar sein. Der Supervisor versucht, ein eventuelles Machtungleichgewicht auszugleichen und schafft Raum für eine konstruktive Kommunikation. Dabei sind folgende Interventionen hilfreich (Jungbauer-Komarek 2005):

- ausreden lassen
- ausformulieren
- Ausgleich bei unterschiedlichen Kommunikationskompetenzen
- Transfer von sprachlichen Ausbrüchen
- Strukturierung des Konfliktklärungsprozesses
- Herausarbeiten von Gemeinsamkeiten und Unterschieden

Aufgabe der Supervisorin ist es auch, die Supervisandinnen dabei zu unterstützen, Klarheit zu erlangen bezüglich ihrer Interessen und Gefühle und diese verständlich zum Ausdruck zu bringen. Der Supervisor ist für den Prozess verantwortlich, die Supervisanden für den Inhalt. Der Supervisor gibt Raum für kreative Lösungen, die Supervisanden erarbeiten die Lösungen selbst.

■ Die vier Phasen der Konfliktberatung

Wie kann ein Supervisor nun im Rahmen einer Supervision oder Organisationsberatung mit Konflikten umgehen? Wie ist ein idealtypischer Verlauf der Konfliktberatung?

Das integrative tetradische System kann auch auf Konfliktberatung umgelegt werden. Somit lassen sich folgende vier Phasen in der Konfliktbearbeitung unterscheiden:

1. **Initialphase:**
   Das ist die Phase der Konfliktdiagnose, der Materialsammlung, der Differenzierung. Der Kontakt wird hergestellt zwischen den Supervisanden und zwischen Supervisor und Supervisanden.
2. **Aktionsphase:**
   Das ist die Produktionsphase, die Phase der Er- und Bearbeitung von Konfliktthemen und Ressourcen.
3. **Integrationsphase:**
   Nun werden die Informationen, spontanen Lösungsmöglichkeiten und Handlungsperspektiven gesichtet, reflektiert und ausgearbeitet. Die Materialien der Aktionsphase werden zu konsensgegründeten Konzepten integriert.
4. **Neuorientierungsphase:**
   Die Lösungen werden handlungsleitend und in die Praxis umgesetzt.

Auch hier gilt wiederum (vgl. Kap. „Das tetradische System"), dass dieser Verlauf nicht immer geradlinig sein muss, sondern die Phasen sich wiederholen, zusammenfließen oder spiralförmig aneinanderreihen können.

Etwas näher beleuchten möchten wir nun im Sinne der Zielsetzung des Buches die Initialphase, welche der Konfliktanalyse gewidmet ist.

■ Diagnosephase in der Konfliktbearbeitung

Warum ist in der Initialphase eine Diagnose des Konfliktes notwendig? Eine Verbesserung des Konfliktverhaltens kann nur dadurch erreicht werden, dass zwischen dem Auftreten des Konflikts und dem Suchen nach Lösungen eine ausführliche Diagnose- und Analysephase stattfindet. In einem Team oder einer Organisation ist es wichtig, dass zunächst die verschiedenen Perspektiven auf den Konflikt auf den Tisch kommen (Strümpf 2013). Diese Diagnose dient einerseits dazu, innere Distanz zu gewinnen und um sich auf die Metaebene einzulassen. Ein wichtiges Instrument dabei ist Fragen und Zuhören in akzeptierender Haltung. Eine Konfliktanalyse ermöglicht, den Kern des Konflikts herauszuarbeiten.

Conrad und Jacob (2010, S. 198) erachten neutrale Fragen beim Einstieg in eine Konfliktbearbeitung als hilfreich, da sie den Beteiligten Orientierung und Sicherheit geben. Dass die unterschiedlichen Sichtweisen der Konfliktparteien gehört werden, bietet die Möglichkeit, ein Vertrauensverhältnis aufzubauen. Die Fragen ermöglichen den Kontrahenten andere Sichtweisen auf den Konflikt, die Konfliktdynamik und die eigene Rolle und ermöglichen dadurch eine Erweiterung der Perspektiven. Die Supervisorin kann in dieser Diagnosephase beispielsweise Fragen stellen zur Kontextklärung (Beteiligte und ihre Rollen, Handlungsspielräume, Rahmenbedingungen, bisherige erfolgslose Lösungsversuche), zu unterschiedlichen Verhalten, Reaktionen und der Ausgangslage, zu den Erwartungen an den Supervisor, die Motive und Erklärungsmodelle der Beteiligten und wo der Konsens über den Dissens liegt. Bei der Konfliktbearbeitung geht es laut Conrad und Jacob (2010, S. 199) schließlich um Verhandeln, Vermitteln, Überzeugen und Entscheiden, Sieg oder Niederlage, Kompromiss oder Kooperation.

Ein erster Schritt zur Lösung ist, den Konflikt als solchen anzuerkennen. Die Machtverhältnisse spielen hier eine große Rolle. Wer nicht einen Vorteil in der Lösung eines Konfliktes sieht oder einen Nachteil aus seiner Nicht-Lösung hat, wird schwer bereit sein, den Konflikt zu bearbeiten. Eine der wichtigsten Analysemethoden bei Konflikten in Gruppen und Organisationen ist laut Schwarz (2003) die Erstellung eines „Röntgenbildes" der Sozialstruktur. Damit lässt sich klären, wer welche Rolle hat. Beim Analysieren der Sozialstruktur empfiehlt sich, zwischen dem offiziellen Organigramm und der informellen Struktur zu unterscheiden. Schwarz unterscheidet drei Ebenen der Kommunikation, die einen wesentlichen Unterschied für das Verständnis von Konflikten ausmachen, nämlich die rationale, die emotionale und die strukturelle oder soziale Ebene. Um diese Ebenen zu analysieren ist es von Vorteil, bei starker emotionaler Aufladung zunächst die sachliche Dimension zu erforschen und bei rein sachlich vorgetragenen Differenzen nach den dahinterstehenden Emotionen und Interessen zu fragen. Die Haltung des Supervisors widerspiegelt Interesse, Unwissen in Bezug auf die Sach- und Emotionslage und dass der Befragte mit seiner Sicht der Dinge Recht hat (Schwarz 2003). Manchmal erfährt man das Wesentliche eines Konfliktes über die Frage, worüber in dem Konflikt noch nicht geredet wurde. Wichtig ist bei der Konfliktintervention eine Atmosphäre größter Toleranz und Akzeptanz herzustellen.

Die Erforschung der Konfliktgeschichte hat entlastende Funktion (Schwarz 2003). So können typische Ablaufmuster geschildert oder die Chronik der Erwartungen und Enttäuschungen aufgestellt werden. Lösungen setzen meist auch emotionale Lernprozesse voraus, die nur möglich sind, wenn ein Problem von allen als solches anerkannt wird. Eine andere Möglichkeit ist die Darstellung der drei oder vier wichtigsten Szenen der Konfliktgeschichte, zum Beispiel können diese auf ein Plakat gezeichnet oder über Pantomime ausgedrückt werden. Durch die Übertreibung erfolgt eine Verdeutlichung. Die Supervisorin muss hier speziell auf die Gefahr der Kränkung achten. Bei der Darstellung durch eine Skulptur ist es möglich, dass Unbeteiligte Rückmeldung geben können. Im Rollenspiel oder durch Improvisationstheater lässt sich ebenfalls die Konfliktgeschichte darstellen (Schwarz 2003).

In manchen Fällen ist es gut, nur bei der Symptombekämpfung zu bleiben und erst dann zum Kern des Konflikts vorzudringen. Eine Möglichkeit dazu, die sich speziell bei Konflikten rund um Personengruppen eignet, bietet die Visualisierung des Kerns des Konflikts und des Rundherums (Schwarz 2003).

Wichtig ist die richtige Steuerung des Analyseprozesses in einer Konfliktsituation. Initiiert wird ein Lernprozess, der zu einem neuen und unerwarteten Konfliktverständnis führt. Im Rahmen von Organisationsberatung ist es wichtig, auf den Zusammenhang zwischen der Konfliktanalyse und der Gruppendynamik zu achten.

Im Praxisteil dieses Buches (▶ Kap. 6) stellen wir weitere integrative Tools zur Konfliktdiagnose vor (z. B. das Konfliktpanorama).

Eine spezielle Art des Konfliktmanagements ist die Mediation. Sie ist eine klar strukturierte Methode der Vermittlung in Konflikten durch eine geschulte allparteiliche Person, die von beiden Seiten akzeptiert wird. Darauf soll in diesem Buch allerdings nicht näher eingegangen werden.

5.3 Macht

Wer Einzelpersonen und Teams in Organisationen berät, hat mit Macht zu tun, der Umgang mit Macht stellt sich einfach. In diesem Kapitel geht es uns darum, einige Aspekte von Macht, vom Umgang mit Macht, zu beschreiben.

Für uns ist die Reflexion von eigenen und fremden Verhaltensmustern im Umgang mit Macht und Ohnmacht ein wirkungsvolles Mittel, „Selbstverantwortung", und damit auch „Verantwortung" als Mensch in Beziehungen, Familien, Organisationen und in unserer Gesellschaft wahrzunehmen. Übergeordnetes Ziel dabei ist, die Souveränität, der Supervisanden und Organisationsmitglieder zu unterstützen.

■ Definition Macht

Weber spricht nur von Macht, wenn etwas gegen den Willen des Machtunterlegenen durchgesetzt wird (Weber 1964, S. 38). Für Glasl bedeutet schon die Möglichkeit, die Wahrscheinlichkeit, Einfluss zu nehmen, Macht. Er hat soziale Macht folgendermaßen definiert (Glasl 2000, S. 94)

- Macht ist die Möglichkeit
- eines Aktors (des „Machtausübenden") in einer gegebenen sozialen Beziehung
- Einflussmittel so einzusetzen,
- dass seine Zumutung
- das Handeln eines anderen Aktors (des „Machtunterworfenen") derart bestimmt,
- dass der machtunterworfene Aktor eine geringere Möglichkeit sieht,
- sich der Zumutung zu entziehen.

Macht ist ein Beziehungsbegriff, denn „Entscheidungsmacht" über und zwischen Menschen bestimmt das Leben in Systemen, ihr gutes und ihr schlechtes Funktionieren (Petzold 1998, S. 327).

Für Petzold ist Macht ein äußerst komplexes Phänomen, weil Macht einerseits subjektive Erlebnisrealität ist, zum anderen, eine formal -strukturelle Realität, die durch das Zusammenspiel gesellschaftlicher Kräfte konstituiert wird. Als persönliche Erlebnisrealität muss Macht konfigurativ gesehen werden, d. h. als Struktur „Macht-Ohnmacht": Der Machtausübende erlebt sich in dieser Ausübung als Mächtiger und – wenn er einen anderen Menschen bestimmt, kontrolliert, ohnmächtig macht – zugleich auch auf der Seite des Ohnmächtigen, denn nur wenn diese Seite miterfasst wird, kann die „Dosierung der Machtausübung" in effektiver Weise gestaltet werden. In gleicher Weise erlebt der Ohnmächtige, der Machtausübung erfährt oder gar erleidet, den Mächtigen in der Qualität der Machtausübung (Petzold 1998, S. 328 f.).

Macht-haben bedeutet immer schon Mehr-Macht-als-andere-haben, das heißt, Macht scheidet zugleich eine Minderheit derer, die mehr Macht haben, von einer Minderheit der weniger Mächtigen. Und dieses Verhältnis neigt strukturell dazu, sich zu verfestigen und zu einer Machtordnung zu werden. Oder anders gesagt: Macht tendiert aus sich heraus zu mehr Macht (Popitz 1986, S. 44 f.)

Macht wird zwar immer als akutes Phänomen erlebt oder realisiert, ist aber stets auch von der Vergangenheit, von motivationalen, biografischen und historischen Erfahrungen bestimmt. Sie sind die „Propulsoren", starke Stoßkräfte machtvollen Handelns. Macht ist aber auch von den Problemen, Ressourcen und Potenzialen einer gegebenen Gegenwart determiniert, in die sie strukturierend eingreift, erhält zugleich aber auch aus ihr Impulse und Unterstützung durch „Generatoren", Aktualkräfte, die Macht mobilisieren. Schließlich ist Macht auf die Zukunft gerichtet, denn die machtvolle Umsetzung von Entscheidungen zielt auf die Zukunft, wobei sehr viele Ziele – durch äußere Realitäten vorgegebene, aber auch aus der persönlichen oder institutionellen Binnendynamik festgelegte – Qualitäten von „Attraktoren", mächtigen Zugkräften gewinnen (Petzold 1998, S. 331).

Aspekte, Grundlagen und Quellen der Macht

In Diskussionen wird der Machtbegriff manchmal so weit ausgeweitet, oft auch mystifiziert, bis er nichtssagend geworden ist. In Beratungsprozessen kann es hilfreich sein, die einzelnen Aspekte und Quellen der Macht im Einzelnen zu betrachten.

Für König (2002, S. 26 f.) stellen die im Folgenden beschriebenen Machtgrundlagen Ressourcen dar, die den einzelnen Akteuren zur Verfügung stehen:

- Zwang (Einschränkung der Bewegungsfreiheit, Kontrolle, Zwangsmittel ist Strafe, unterbliebene Belohnungen)
- Belohnung (es braucht ein begehrtes Gut materieller oder immaterieller Natur)
- Legitimation (kann aus Ämtern, Positionen, Guppennormen oder Wertvorstellungen erwachsen; Legitimation von bestimmten Berufsgruppen, sozialer Status)
- Identifizierung (So sein wollen wie jemand anderer)
- Sachkenntnis (Legitimation, Berufskleidung)
- Information (Informationskontrolle, Zensur, Propaganda)
- Situative Kontrolle (Sitzordnungen, Umgang mit Zeit: „wessen Zeit ist wertvoller")

Bauer-Jelinek nennt acht Quellen der Macht (Bauer-Jelinek 2002, S. 68 f.)

1. Die Macht der Materie (Körperkraft, Waffen, Besitz, Geld, Reproduktionskraft)
2. Die Macht der Herkunft (Familie, Ahnen, Volk, Nation)
3. Die Macht der Mehrheit (Parteien, Bündnisse, Initiativen, Gemeinschaften)
4. Die Macht des Wissens (Information, Bildung, Erfahrung, Planung)
5. Die Macht der Gefühle (die Nutzung des gesamten Spektrums der positiven und negativen Gefühle)
6. Die Macht der Funktion (Ämter, Befugnisse, Aufgaben, Rollen)
7. Die Macht der Kontakte (Förderer, Netzwerke, Seilschaften, Informanten, „Vitamin B")
8. Die Macht der Überzeugung (Ideologien, Gesetze, Normen, Werte, Glaubenssätze)

Macht in Gruppen und Organisationen

Die Herausbildung von Machtstrukturen und der Verlauf von Machtprozessen können nicht auf persönliche Eigenschaften und individuelle Motivationen derer zurückgeführt werden, die versuchen, Macht zu erreichen bzw. diese zugewiesen bekommen. Der Umgang mit Macht stellt sich als strukturell zugewiesene Aufgabe.

So bringen bestimmte berufliche Felder mit ihrer spezifischen Felddynamik spezifische Verhaltensweisen und Machtspiele hervor. Zum Verständnis dieser Spiele müssen der organisatorische Rahmen, die jeweilige Organisationskultur des Umganges miteinander und die dazugehörige Ideologie im Auge behalten werden. Zugleich suchen sich die Menschen häufig die zu ihrem Umgang mit Macht passenden beruflichen und privaten Organisationsformen; dies ist nicht im Sinn einer überlegten Wahl zu verstehen, ein großer Teil der Motive bleibt dabei unwissentlich bzw. wird höchstens diffus gespürt (König 2002, S. 116).

Unsichere und labile Zustände wecken beziehungsweise steigern den Wunsch nach klarer Führung – auch um den Preis der Ausweitung der eigenen Abhängigkeit. Wer diese Führung nicht bieten kann, wird Unsicherheit produzieren (Doppler 2002, S. 78).

- **Koalitionen und Seilschaften**

Die Macht in Organisationen hat sich historisch aufgebaut und die Macht von Personen lässt sich oftmals als Resultat von Machtkarrieren identifizieren. Auf dem Weg nach oben schafft man sich Feinde oder Freunde, findet man Unterstützer, Behinderer und Neider, entstehen „Koalitionen“ und „Seilschaften“, welche in der jeweils gegebenen Gegenwart positiv und negativ zum Tragen kommen und für die Zukunft mehr oder weniger bestimmend bleiben (Petzold 1998, S. 331).

- **Konkurrenz und Kooperation**

Konkurrenz ist ein fester Bestandteil jedes auf Leistungsmaximierung ausgerichtete Leistungs-Systems und beruht auf einer realen oder künstlich hergestellten Verknappung. Konkurrenz beinhaltet Wettbewerb um die Aufgabenerfüllung und individuelle Orientierung. Demgegenüber stellt Kooperation die Erfüllung einer Aufgabe und die Orientierung an einer Gruppe in den Mittelpunkt. In den meisten Fällen sind Konkurrenz- und Kooperationsorientierung in einem übergeordneten System miteinander verkoppelt. Die Kooperationsbereitschaft einer Gruppe wird dann durch die Orientierung auf ein übergreifendes Ziel unterstützt, mit dem man sich in Konkurrenz zu anderen Gruppen setzt (König 2002, S. 75 f.).

Die Notwendigkeit der Identitätsbildung und -sicherung sowie die Einbettung in einen hierarchisch fundierten und auf Leistungsmaximierung ausgerichteten gesellschaftlichen Kontext, sorgen dafür, dass sich Konkurrenz eher von alleine durchsetzt und Kooperation aber immer wieder erarbeitet werden muss. Die Schwierigkeit, Konkurrenzverhalten und – orientierung zu durchbrechen und in Kooperation überzuführen, wird weiterhin dadurch erhöht, dass wir es bei Konkurrenz mit einem selbstbestätigendem Verhalten zu tun haben. Treffen zwei unterschiedlich orientierte Akteure in einer Situation aufeinander, so fühlt sich der Kooperationsorientierte bald vom Wettbewerbsorientierten dominiert und wird sich entweder aus der Auseinandersetzung zurückziehen oder sich in seinem Verhalten anpassen, also auch wettbewerbsorientiert werden. Der wettbewerbsorientierte Akteur hingegen wird der selbsterfüllenden Prophezeiung erliegen, dass alle anderen auch wettbewerbsorientiert sind, und dabei nicht bemerken, dass er die Ursache für den Wettbewerb der anderen ist. Sowohl den Rückzug des anderen, als auch dessen Einschwenken auf Konkurrenzverhalten kann er als Bestätigung für sein eigenes Verhalten ansehen.

Für die Entwicklungsfähigkeit einer Gruppe ist es entscheidend, wie in ihr entlang den verschiedenen Merkmalsdimensionen die jeweiligen Vorprägungen ihrer Mitglieder in Rollen verwandelt werden, wie diese Rollen bewertet und diese Werte festgeschrieben werden, und wie flexibel diese Festschreibungen und Bewertungen gehandhabt werden können. Dies läuft in der Frage zusammen, in welchem Ausmaß sich eine feste Machtstruktur entwickelt bzw. wie viel Machtoffenheit möglich bleibt (König 2002, S. 115).

Für Glasl (2000, S. 96 f.) können Organisationen als Systeme verstanden werden die die folgenden drei Subsysteme umfassen und immer als Zusammenspiel aller drei Subsysteme zu verstehen sind.

- **Das technisch-instrumentelle Subsystem**

Das Grundphänomen des technisch-instrumentellen Subsystems ist die arbeitsteilige Wertschöpfung, die auf den Leistungszweck ausgerichtet ist. Durch die Arbeitsteilung entstehen unterschiedliche Abhängigkeitsformen

- Synergetisch laterale Interdependenz
- Gleichrangige, gleichwertige, relativ autonome Einheiten müssen zur Zielerreichung mit anderen ihre Leistung poolen
- Synergetisch vertikale Interdependenz
- Die Arbeitsleistung schließt ein Machtgefälle mit ein, ist aber interkursiv
- Synergetisch sequenzielle Interdependenz

Am Fließband oder bei einem anderen linear-sequenziell vorgezeichneten Prozess der Zusammenarbeit entsteht Abhängigkeit der später Agierenden von den früher Agierenden.

Viele Autoren widmen Schnittstellen große Aufmerksamkeit, denn durch bestimmte Tätigkeiten kann eine Grundlage für eine Machtposition entstehen, wenn sie

- an der Schnittstelle zwischen Innen- und Außenbeziehungen steht
- an den „Knotenpunkten" der Informations – und Ablaufprozessen steht
- an zentraler Stelle steht, sodass viel Abläufe über diese Stelle gehen
- wenig ersetzbar ist
- wenn diese Tätigkeiten andere Tätigkeiten entwerfen, strukturieren und steuern.

Wichtig ist nicht nur die Stelle einer Funktion im Ablauf, sondern auch, ob die Funktionsinhaber diese für die eigenen Interessen ausnützen.

- **Das politisch soziale Subsystem**

Der Blick auf dieses Subsystem lässt eine Organisation als Schauplatz von Interessen und Kämpfen um Ansehen, materielle Güter, Einfluss und Macht erscheinen. Individuen und Gruppen sind nicht nur auf die Leistungserbringung in der Organisation orientiert, sondern auch auf eigene Interessen. Neben Kenntnis der Machtressourcen Geld, Mittel der Belohnung und Bestrafung, der Zugang zu Rohstoffen oder zu anderen materiellen und immateriellen Gütern, zu Expertenwissen und Information spielt auch die Art und Weise, wie diese Ressourcen mobilisiert werden, eine Rolle.

- **Das kulturelle Subsystem**

Organisationsmythen vermitteln den Akteuren Sinn, Zusammenhänge, Orientierung und Legitimation für die Ausübung von Macht. Hier wirkt Macht über Perzeptionen, Kognitionen und Präferenzen und lässt bei den Machtunterworfenen bestimmte Bedürfnisse und ein bestimmtes Bewusstsein gar nicht aufkommen. Durch Gewöhnung an Machtakte in der Vergangenheit, bei denen Zurechenbarkeit und Legitimierbarkeit gegeben waren, unterstellt der Machtunterworfene Legitimierbarkeit auch für die akuten Machthandlungen. In dem Maß, in dem auch die Werte, Ideologien und Normen der Organisation von den Machtunterworfenen internalisiert sind, erleichtern sie die Akzeptanz von Einfluss und Macht.

Turner geht davon aus, dass man die Existenz zweier Hauptmodelle menschlicher Sozialbeziehungen annehmen soll, einem Modell von strukturierten, differenzierten und hierarchisch gegliederten (Macht-) Beziehungen, sowie dem Modell einer undifferenzierten Gemeinschaft, die er „Communitas" nennt (Turner 1989, S. 96). Dabei unterscheidet er zwischen drei verschiedenen Formen der Communitas:

Die existenzielle oder spontane Communitas des gelebten Augenblicks; die normative Communitas, die sich aus der existenziellen Communitas entwickelt und ihre Mitglieder der sozialen Kontrolle unterwirft, um den Augenblick in eine dauerhafte Lösung zu überführen; und die ideologische Communitas als ein Etikett für utopische (Gesellschafts-) Modelle. Nach Turner (1989, S. 129) gehören die normative und die ideologische Communitas dem Bereich der Struktur an. Es ist das Schicksal einer jeden, in der Geschichte spontanen Communitas, sich in einem, von den meisten Menschen als „Niedergang und Verfall" aufgefassten Prozess in Struktur und Gesetze zu verwandeln.

■ Schlussfolgerungen für Organisationsberatung

Aufgabe der Supervision und Organisationsberatung ist es, Machtphänomene sichtbar zu machen und damit zu entmystifizieren. Der Einzelne soll ein Verständnis dafür entwickeln, in welche sozialen Prozesse er eingebunden ist, und daraus erweiterte Handlungsmöglichkeiten entwickeln können. Die Auseinandersetzung zwischen Supervisor und Supervisand ist daher eines der zentralen Lernfelder bezüglich des Umganges mit Macht.

Gerade in Bezug auf Macht ist die eigene Reflexion der Wahrnehmung der Beraterinnenrolle wichtig, im Hinblick auf den eigenen Umgang mit Macht und Ohnmacht, den Organisationsdynamiken und auch im Hinblick auf eigene geschlechtsspezifische Wirkungen.

Es geht darum, Umgang mit Macht als ein erlerntes Verhalten zu verstehen. Und die Teilnehmer sollen lernen, die Verhaltensweisen im Umgang mit Macht auszuwählen, die der Situation angemessen sind.

Will der Supervisor Machtspiele sichtbar und in ihren emotionalen Verankerungen erlebbar machen, muss er eine Vorstellung vom zumutbaren Maß der Bedrohlichkeit für alle Beteiligten entwickeln. Dieses zumutbare Maß ist kontext- und situationsabhängig und ständig im Fluss (König 2002, S. 117). Hier spielt die Supervision als (Zeit)-Raum für Nachdenken, Nachempfinden, aber auch neues Probehandeln und Erleben eine große Rolle.

Ein auf Gleichheit und Selbstbestimmung ausgerichteter Umgang mit Macht ist daher weniger ein erreichbares Ziel als eine dauerhafte Aufgabe.

5.4 Reflexives Management

Das Metamodell des „reflexiven Managements" wurde für den „Integrativen Ansatz" der Organisationsentwicklung entwickelt. Reflexives Management ist eine Philosophie, die sich mit Fragen der Organisation, der Führung und des Managements auseinandersetzt.

Hier spielen Themen der Unternehmenszielsetzungen, der Unternehmenskultur, der Unternehmensperformanz, der Struktur, der Prozessgestaltung, der Corporate Identity, der Rollenwahrnehmung von Führungskräften. Reflexivität wird nicht nur kognitivistisch gesehen, sondern auch als eine Qualität der Nachdenklichkeit, der Besonnenheit, des koemotiven, inspirierenden Engagements miteinander (Petzold 2007, S. 183).

Stentz und seine Coautoren beschreiben die Aufgabe von Führung als einen komplexen und sozial konstruierten Prozess der Einflussnahme (2012). Führungskräfte nehmen Einfluss auf die Ziele der Organisationen, entscheiden über die Prozesse der Neuaufnahme von

Mitarbeiterinnen und Mitarbeitern, sorgen dafür, dass Steuerungsstrukturen und Standards eingeführt, aufrechterhalten und weiterentwickelt werden. Führungskräfte prägen die Kultur einer Organisation und bestimmen Prinzipien des Wandels der Organisation.

Die Rolle der Führung ist komplex. Auf der einen Seite hat die Organisation berechtigte Erwartungen an die Führungskräfte, dass die Führungskräfte die Ziele und Interessen der Organisation vertreten und für die Zukunftsfähigkeit der Organisation sorgen. Die Mitarbeiterinnen und Mitarbeiter wünschen sich von ihren Führungskräften nach ihren Fähigkeiten eingesetzt zu werden und Möglichkeiten zur Entfaltung ihrer Potenziale zu bekommen. Gleichzeitig haben die Eigentümer(-vertreter) konkrete Erwartungen über das finanzielle Ergebnis an die Führungskräfte. Dazu kommen meist auch noch Erwartungen von konkreten Interessensgruppen an die Führung.

Alle diese widersprüchlichen Erwartungen – und dazu kommen meist auch noch die eigenen oft erhöhten Erwartungen der jeweiligen Führungskraft an sich selbst, laufen direkt durch die Führung und die einzelne Führungskraft hindurch.

Menschen, die Führungsarbeit leisten, benötigen Zeit und Instrumente für die kontinuierliche Reflexion des eigenen Führungshandelns. Diese kontinuierliche Reflexion des eigenen Führungshandelns ist eine Kernaufgabe von Führung.

Seliger beschreibt, dass die Reflexion als Führungsaufgabe deshalb so wichtig ist, weil hinter dem eigenen Verhalten, Bilder und innere Landkarten stehen, die das Führungsgeschehen und damit die Entwicklung und das Gelingen der Führungsarbeit maßgeblich beeinflussen (Seliger 2014, S. 110).

Für die Aneignung eines professionellen Habitus hat die Reflexion des Handelns, so Ebert eine zentrale Bedeutung. Reflexion, versteht er als theoriegeleitete Auseinandersetzung mit den aktuellen und künftigen beruflichen Herausforderungen sowie Belastungen und ist als eine Grundbedingung für erfolgreiches Handeln im professionellen Alltag zu sehen. In diesem Sinn muss sie auch als Schlüsselkategorie für den Prozess der Professionalisierung betrachtet werden. Es müssen Rahmenbedingungen und Methoden für die Aneignung einer reflexiven Professionalität, einer reflexiven Kultur aufgezeigt und entwickelt werden (Ebert 2008). Wo immer es darum geht Professionalität zu entwickeln oder zu stärken, hat Reflexion und insbesondere Selbstreflexion eine entscheidende Rolle. Es ist unmöglich Professionalität zu erlangen ohne über das eigene Tun reflexiv oder prospektiv nachzudenken, es zu betrachten, zu hinterfragen und in der Ko-Respondenz mit anderen, in kollegialen Diskursen zu bearbeiten.

Die radikalen Konstruktivisten Humberto Maturana und Francisco Varela beschreiben Reflexion als einen Prozess, in dem Menschen erkennen, wie sie erkennen, das heißt eine Handlung, bei der sie auf sich selbst zurückgreifen. Sie ist die einzige Gelegenheit, bei der es der Person möglich ist, die eigenen Blindheiten zu entdecken und anzuerkennen (Maturana & Varela zit. nach Siebert 1999). Maturana und Varela betonen, dass im Prozess der Reflexion die eigene Blindheit entdeckt werden kann. Die eigene Blindheit oder den eigenen „blinden Fleck“ zu erkennen, wie es Joseph Luft und Harry Ingham nannten, ist auch Grundlage des von ihnen beschriebenen Johari-Fensters. Die beiden amerikanischen Sozialpsychologen haben 1955 das Johari-Fenster entwickelt. Durch Reflexion kann der „blinde Fleck“ und auch andere Persönlichkeitsanteilen im Selbstbild eines Menschen bewusst gemacht werden (Luft 1971).

Kritisches Denken steht in vielen Ländern als eine pädagogische Reformbestrebung im Mittelpunkt. Kritisches Denken und Reflexion stehen im engen Zusammenhang. Reflexion ist die Seele des kritischen Denkens, sie dient als Richtschnur und Steuerruder für die eigenen Gedanken und das Handeln. Durch Reflexion bekommt das Denken

Ziel und Bedeutung, das Denken wird so tiefer. Reflexion kann als eine Art der Weiterentwicklung des kritischen Denkens gesehen werden (Miller und Babcock 2000; Wilkinson 2012).

Charakteristik einer reflektierenden Führungskraft

- Offenheit gegenüber sich selbst
- Bereitschaft, sich mit den eigenen Erfahrungen auseinander zu setzen
- Auseinandersetzung mit der Diskrepanz zwischen idealer und tatsächlicher Verhaltensweise
- Bereitschaft verschiedene Sichtweisen einzugehen.
- Bereitschaft normative Denk- und Handlungsmuster zu hinterfragen
- Einsicht, neue Erfahrungen und Verhaltensweisen einzusetzen

Eine weitere Beschreibung der Begrifflichkeit Reflexion bezieht sich auf den US-amerikanische Philosophen und Pädagogen John Dewey. Er geht in seinen Publikationen davon aus, dass es sich bei Reflexion um einen Analyseprozess bzw. die Ergebnisse eines Analyseprozesses handelt. Reflexion ist für ihn die geistige Auseinandersetzung und ernsthafte Beschäftigung mit einem Sachverhalt, sowie dessen eingehende Betrachtung. Für ihn besteht der Wert der Reflexion in den daraus resultierenden Handlungen – Denken alleine ist nach Dewey nur der halbe Weg (Dewey 1990).

Ein zentrales Element jeder hoch qualifizierten Tätigkeit ist die Fähigkeit, unabhängig und kritisch zu denken. Reflexion und Kritisches Denken müssen in einer wechselseitigen Beziehung stehen (Miller und Babcock 2000).

Wer sich selbst nicht als zentrales Element der Führungspraxis sieht und kein Bild davon hat, wie er/sie auf andere wirkt und wie die eigenen Erfahrungen in die Führungspraxis einfließen, bleibt in den blinden Flecken und Mustern gefangen.

Seliger (2014, S. 111) empfiehlt folgende Themen der Reflexion:

- Reflexion der eigenen Person mit ihren individuellen Erfahrungen, Zielen, Werten und Mustern
- Reflexion der professionellen Rolle als Führungskraft und der damit verbundenen Erwartungen und Befürchtungen, die an diese Rolle geknüpft werden.

Ein Hauptanliegen der integrativen Theorie ist die Mehrperspektivität, die Reflexion des Tuns aus unterschiedlichen Ebenen ist.

Integrative Supervision und Integratives Coaching sind eine Metadisziplin zur Reflexion und Bearbeitung von Situationen hoch qualifizierten professionellen Handelns. Man schaut von innen, vom Zentrum zur Peripherie, oder man schaut von außen nach innen, oder man betrachtet eine Situation im Rollentausch, aus der Perspektive eines Anderen. Die Perspektiven können wechseln zwischen Person, Rolle, professioneller Beziehung, Organisation, Arbeitswelt und Gesellschaft. Dieser mehrperspektivische Blick, ist eine spezifische Form des Sehens oder auch einer komplexen Wahrnehmung „atmosphärischen Erfassens“ und „szenisches Verstehen“, in das Situationserfahrungen und Theoriewissen einfließen. Es geht um die Förderung „persönlichen Sinnverstehens“ als eine Basis der „persönlichen Souveränität“, wie auch um „soziales Sinnverstehen“ und sozialer Empathie, sowohl beim Supervisor/Coach als auch beim Supervisanden/Coachee (Petzold 2007).

Der metareflexive und mehrperspektivische Zugang bestimmen das Handeln in „sechs Tätigkeitsaspekten“:

- Optimierungsaspekt/gesellschaftspolitische Funktion
- Weiterbildungsaspekt/agogische Dimension
- Kommunikativer Aspekt/soziotherapeutische Dimension
- Supportiver Aspekt/psychohygienische Dimension
- Methodologischer Aspekt/ameliorative Dimension
- Aufdeckender Aspekt/psychotherapeutische Dimension.

Diese *„sechs Tätigkeitsaspekten“* und Dimensionen kommen je nach Kontext, Aufgabenstellung und Kontrakt in der Praxis unterschiedlich zum Tragen (Petzold 2007).

Hilarion Petzold (1998, S. 184) meint mit dem Begriff „Management“ die systemische Funktion (Steinmann/Schreyögg: Funktionale Perspektive), also das „Managen des Unternehmens“ und nicht die hierarchische Funktion (Steinmann und Schreyögg: institutionelle Perspektive 2005, S. 6), dargestellt durch die Führungskräfte. Er (Petzold 1998, S. 190) definiert: „Reflexives Management ist die durch Konsens institutionalisierte Reflexion der zentralen Steuerungsfunktionen des Systems durch das System selbst in einem strukturellen geregelten Diskurs und in rekursiven Prozessen der Beobachtung und der Koreflexivität durch alle Mitarbeiter des Systems mit dem Ziel der Bestandssicherung und der Optimierung seiner Produktivität, Kultur und klimatischen Qualität.“

Kern des Reflexiven Managements ist die Förderung konstruktiver, nichtlinearer Austauschprozesse mit hoher Ko-Respondenz-Qualität. Diese Austauschprozesse verfolgen das Ziel, die Unternehmen zwischen Kontinuität und Mobilität, Stabilität und Überschreitung sowie zur Innovation zu führen. Auf diesem Weg soll der Unternehmensalltag bewältigt und die Veränderungen in Gegenwart und Zukunft gestaltet werden.

Die Aufgabe von Führung ist es, diese Widersprüche möglichst auszugleichen und sich selbst und die Organisation soweit wie möglich im Gleichgewicht zu halten.

Für Kai Weise (2014, S. 43), ist reflexives Management, eine Haltung, ein zentraler methodischer Beratungsansatz einer Organisationsentwicklung, die sich an dem Integrativen Verfahren orientiert, eine Managementphilosophie (im Sinne der „Systemfunktion Managen“) und eine Führungsphilosophie.

Im Rahmen des reflexiven Managements wurde das Konzept der emotiven (=emotionalen und motivationalen) Stimmigkeit entwickelt.

Reflexivität geschieht immer mit Menschen in einem bestimmten Kontext, damit hat die Reflexivität nicht nur kognitive Qualität, sondern auch emotive Qualität, da auch im Unternehmen Entscheidungen mit Emotionen vor dem Hintergrund von persönlichen und kollektiven Wertesystemen getroffen werden.

Das Management wird dabei an erster Stelle als „systemische Funktion“ innerhalb eines Unternehmens betrachtet. An zweiter Stelle ist es das Management eine Gruppe von Menschen, die diese Führungspositionen ausüben.

Reflexives Management ist auch ein Interventionsmodell, so kann das Modell des reflexiven Managements im Rahmen von Organisationsentwicklungsprozessen, Strategieprozessen oder regelmäßig zur Reflexion im Führungsteam eingesetzt werden. Hier können zum Beispiel die Werte der Führungskräfte, die Unternehmenswerte, die Identität des Unternehmens, die Unternehmenskultur reflektiert werden, die sich unter anderem auf die Arbeitszufriedenheit, die Loyalität, das Commitment, die Kreativität und das Teamverhalten auswirken.

Petzold (2007, S. 190) definiert Reflexives Management als eine von Positionsinhabern und Funktionsträgern praktizierte „philosophy", die sich des Charakters des „Management als Systemfunktion" bewusst ist.

Reflexives Management ist die durch Konsens institutionalisierte Reflexion der zentralen Steuerungsfunktion des Unternehmens durch das System selbst in einem geregelten Diskurs und in rekursive Prozesse der Beobachtung und der Koreflexivität durch alle Mitarbeiterinnen und Mitarbeiter des Unternehmens mit dem Ziel der Bestandssicherung unter der Optimierung seiner Produktivität, Kultur und klimatischen Qualität (Petzold 2007, S. 190).

Damit übernimmt reflexives Management die zentrale Steuerungsfunktion in einem Unternehmen. Hier treffen unterschiedliche Informationen, Bewertungen und Perspektiven zusammen. Diese Steuerungsfunktion wird reflektiert und durch institutionalisierte Diskurse kommuniziert. Unternehmerische Entscheidungen brachen den Blick von „innen" und „außen", den Blick von Führungskräften und Mitarbeitenden, die Selbst- und die Koreflexion. Koreflexion ermöglicht die Selbstreflexion der Positionsinhaber auf ihre Funktion hin, das geschieht in Korrespondenzprozessen zwischen den unterschiedlichen Hierarchieebenen. Die Folge ist eine Optimierung der Interaktionsfähigkeit, Kommunikation und Kooperation der unterschiedlichen Ebenen in der Organisation.

Das Konzept des „reflexiven Managements" kann als Ganzes, in Schritten oder in bestimmten Organisationseinheiten des Unternehmens eingeführt werden. Es sind umfassende Bildungsprozesse erforderlich, Reflexivität einzuführen, wenn diese Reflexivität bis dato nicht Kulturbestandteil im Unternehmen war. Die Führungskräfte müssen lernen mehrperspektivisch, kokreativ und transdisziplinär auf das Unternehmen, seine Prozesse und Entscheidungen hinzuschauen.

Reflexives Management bedeutet, Reflexion als Grundhaltung und Gestaltungsprinzip im Unternehmen einzuführen. Gemeinsame Reflexionszeiten auf horizontaler, aber auch vertikaler Ebene vorzusehen und diese Reflexionszeiten bewusst vom Ergebnisdruck zu befreien.

Im Methodenteil stellen die Autorinnen einzelne Methoden vor, die im Rahmen des reflexiven Managements eingesetzt werden können.

Literatur

Anders, W. (1986). *Die Gestaltung der organisatorischen Kommunikation.* München: Dissertation.

Barnard, C. (1938). *The function of the executive.* Cambridge: Harvard University Press.

Bauer-Jelinek, C. (2002). *Die helle und die dunkle Seite der Macht.* Wien: Edition va bene.

Bromann, P., & Piwinger, M. (1992). *Gestaltung der Unternehmenskultur. Strategie und Kommunikation.* Stuttgart: Schaeffer-Poeschel.

Conrad, B., & Jacob, B. (2010). Konflikte – was sonst? Das Konflikt-Transformations-Modell (KTM) für den Führungsalltag. In W. Knopf & I. Walther (Hrsg.), *Beratung mit Hirn.* Wien: Facultas.

Dewey, J. (1990). *How we think.* Books on Demand.

Dion, K. L. (1985). Sex, gender and groups: Seleted ssues. In V. E. O'Leary, R. Kesler Unger, & B. Strudler Wallston (Hrsg.), *Women, gender and social psychology* (S. 293–347). Hillsdale: Earlbaum.

Doppler, K., Fuhrmann, H., Lebbe-Waschke, B., & Voigt, B. (2002). *Unternehmenswandel gegen Widerstände.* Frankfurt a. M.: Campus.

Ebert, J. (2008). *Reflexion als Schlüsselkategorie professionellen Handelns in der Sozialen Arbeit.* Hildesheim: Georg Olms.

Farace, R., Taylor, J., & Stewart, J. (1978). Criteria for the evaluation of organizatonal communication effectiveness: Review and synthesis. In B. Ruben (Hrsg.), *Communication yearbook 2* (S. 271–292). New Brunswick: Transaction Books.

Glasl, F. (2000). Wie geht Organisationsentwicklung mit Macht in Organisationen um? In K. Trebesch (Hrsg.), *Organisationsentwicklung* (S. 90–116). Stuttgart: Klett-Cotta.
Glasl, F. (2004). *Konfliktmanagement. Ein Handbuch für Führungskräfte, Beraterinnen und Berater*. Bern: Haupt.
Hoefert, H. W. (1976). *Psychologische und soziologische Grundlagen der Organisation*. Gießen: Schmidt.
Jungbauer-Komarek, A., & Gobiet, A. (2005). *Konfliktlösung im Bauwesen und Projektmediation*. Wien: Neuer wissenschaftlicher Verlag.
König, O. (2002). *Macht in Gruppen. Gruppendynamische Prozesse und Interventionen*. Stuttgart: Pfeiffer bei Klett-Cotta.
Luft, J. (1971). *Einführung in die Gruppendynamik*. Stuttgart: Klett-Cotta.
Macharzina, K. (1990). *Informationspolitik*. Wiesbaden: Gabler.
Miller, M., & Babcock, D. (2000). *Kritisches Denken in der Pflege*. Bern: Huber.
Monge, P. R. (1987). The netwerk level of analysis. In C. R. Berger & S. H. Chaffee (Hrsg.), *Handbook of communication science*. Newbury Park: Sage.

5

Neuberger, O. (1989). Mikropolitik und Unternehmenskultur. *Personalführung, 11*, 1030–1043.
Nichols, R. (1962) Listening is good business. *Management of Personal Quartely 1*, 2–9.
Norton, R. (1978). Foundation of a communicator style construct. *Human Communication Research, 4*, 99–112.
O'Reilly, C. A., & Pondy, L. (1979). Organizational communication. In S. L. Kerr (Hrsg.), *Organizational behaviour* (S. 119–150). Columbus: Gird.
Petzold, H. G. (1990). Vorlesungen zur Sozialgerontologie I: Nonverbale Interaktion, II: Prinzipien der Organisationsentwicklung im Heimwesen, Vorlesungen auf dem Studientag Pro Senectute Österreich, 07.12.1990, Batschuns, Vorarlberg.
Petzold, H. G. (1998). *Integrative Supervision, Meta-Consulting & Organisationsentwicklung. Modelle und Methoden reflexiver Praxis. Ein Handbuch* (Bd. I). Paderborn: Junfermann.
Petzold, H. G. (2007). *Integrative Supervision, Meta-Consulting, Organisationsentwicklung* (2. überarbeitete und erweiterte Auflage). Wiesbaden: VS Verlag.
Popitz, H. (1986). *Prozesse der Machtbildung*. Tübingen: Mohr.
Schreyögg, A. (2005). *Coaching von Doppelspitzen*. Frankfurt a. M.: Campus.
Schwarz, G. (2003). *Konfliktmanagement, Konflikte erkennen, analysieren, lösen*. Wiesbaden: GWV Fachverlage.
Seliger, R. (2014). *Positive Leadership*. Stuttgart: Schäffer-Poeschel.
Shaw, M. E. (1964). Communication networks. *Advances in Experimental Social Psychology, 1*, 11–147.
Simon, H. (1957). *Models of man*. New York: Wiley.
Spieß, E., & Winterstein, H. (1999). *Verhalten in Organisationen*. Stuttgart: Kohlhammer.
Spitzberg, B. H., & Cupach, W. L. (1984). *Interpersonal communication competence*. Beverly Hills: Sage.
Staehle, W. H. (1990). *Management. Eine verhaltenswissenschaftliche Perspektive* (5. Aufl.). München: Vahlen.
Steinmann, H., & Schreyögg, G. (2005). *Management – Grundlagen der Unternehmensführung* (S. 6). Wiesbaden: Gabler.
Stentz, J. E., Plano Clark, V. L., & Matkin, G. S. (2012). Applying mixed methods to leadership reserach: A review of current practices. *The Leadership Quarterly, 23*(6), 1173–1183. https://doi.org/10.1016/j.leaqua.2012.10.001.
Strümpf, B. (2013). Konfliktmanagement und Mediation aus integrativer Sicht. In M. Foradori et al. (Hrsg.), *Wirtschaftsmediation zum Nachlesen*. Wien: Service-GmbH der Wirtschaftskammer Österreich.
Turner, V. (1989). *Das Ritual. Struktur und Antistruktur*. Frankfurt a. M.: Campus.
Watzlawik, P., Beavin, J. H., & Jackson D. D. (1969). *Menschliche Kommunikation. Formen, Störungen und Paradoxien*. Bern: Huber.
Weber, M. (1964). *Wirtschaft und Gesellschaft*. Köln: Kiepenheuer & Witsch.
Weise, K. (2014). Integrative Organisationsentwicklung – Veränderungsprozesse neu denken. *SUPERVISION: Theorie – Praxis – Forschung*, Ausgabe 09/2014, S. 43.
Wilkinson, J. M. (2012). *Das Pflegeprozess-Lehrbuch*. Bern: Huber.
Winterstein, H. (1998). *Mitarbeiterinformation – Informationsmaßnahmen und erlebte Transparenz in Organisationen* (2. Aufl.). München: Hampp.

Methoden

S. Pelzmann, B. Strümpf, *Integrative Tools für die Team- und Organisationsdiagnose*,
https://doi.org/10.1007/978-3-658-19831-2_6

6.1 Überblick über die Methoden

Integrative Tools sind als Impulse zu verstehen. Vor dem Einsatz jedes Tools muss die Supervisorin entscheiden, ob die Voraussetzungen gegeben sind und ob das Tool für die Zielsetzung des Beratungsprozesses sinnvoll erscheint.

Die Zielsetzung ist aus unserer Sicht, Tools zu verwenden, die Reflexion und Erfahrungsaustausch in der Supervision und Organisationsberatung anregen.

Integrative Instrumente und Methoden haben einerseits Informationsfunktion. Andererseits dienen sie dazu, einem Menschen oder einem Team durch die Aktivierung verschiedener Ebenen neue Erfahrungen zu öffnen. Die aktuellen Themen werden besprechbar und damit gestaltbar. Entwicklung ist möglich. Durch den Einsatz integrativer Tools sollen Innovationen ermöglicht und die Reflexions- und Lernfähigkeit gefördert werden.

Wichtig scheint uns, den Einsatz der Tools auf den Kontext und auf das eigene Beratungsverständnis anzupassen. Die Tools sollen in einen gesamten Beratungsprozess eingebaut werden und können selbstverständlich gegebenenfalls modifiziert werden.

Wir halten es mit Reichel (2010, S. 252), der Tools im Sinne von Handwerkszeug versteht, da für komplexes Arbeiten vielfältige Werkzeuge nötig sind. Die Breite des Repertoires, also eine große und vielfältige Palette an Werkzeugen ist für Supervision und Organisationsberatung wichtig, ebenso wie die Angemessenheit und der Stil in der Handhabung. Damit ist die Angemessenheit in der jeweiligen Situation gemeint, also dass die Techniken zu den Personen, zum Thema, zum Ziel und zum Prozess passen (vgl. Reichel 2010, S. 262).

Letztlich ist das Zusammenspiel von Theorien, Methoden und Werkzeugen Grundlage für Wissenserweiterung (Strümpf 2007, S. 55).

Die Anleitung zu den Tools kann seitens des Supervisors unterschiedlich gestaltet werden, auch diese ist an den Kontext und die berufliche Sozialisation und das berufliche Wording der Teilnehmerinnen anzupassen.

Integrative Diagnose bedeutet, Situationen zu erfassen und Themen bildlich darzustellen. Es handelt sich hierbei nicht um objektivierbare Beurteilungen, sondern um subjektive Eindrücke. Diese unterschiedlichen Perspektiven sollen kommuniziert und somit die Wirklichkeit anhand unterschiedlicher Beschreibungen und Erklärungsmodelle konstruiert werden (Reichel und Rabenstein 2001, S. 46). Je nach der eigenen Betroffenheit und professionellen Position, Rolle und Funktion sind diese verschieden. Der Austausch darüber ist wertvoll, die Unterschiede können anregend und erhellend sein. In der Beratung ist es unserer Ansicht nach wichtig, eine Vielfalt von Erklärungen, Bewertungen, Einsichten und Deutungen zu fördern. Verschiedene Hypothesen regen verschiedene Sichtweisen an.

Mithilfe integrativer Instrumente und Methoden können verschiedene Ebenen von Realität angesprochen werden:

- die Ebene des Realen
- die Ebene des Imaginären
- die Ebene des Symbolischen

Bei der Arbeit mit integrativen Tools ist der Ablauf in der Praxis meist folgendermaßen:

1. Erläuterung der konkreten Fragestellung, Ziel und Methodik der Arbeit und kurze Information zum theoretischen Hintergrund (siehe Kapitel Prinzipien integrativer Arbeit und ausgewählte Aspekte in der Organisationsdiagnose)
2. Anleitung zum Tool
3. Arbeiten an der Fragestellung, Malen der Charts/Panoramen u. ä. in Einzel- oder Gruppenarbeit
4. Präsentation der Ergebnisse und Diskussion über Ähnlichkeiten und Unterschiede (Reflexion: Beschreiben und Bewerten/Einschätzen)

Aufgabe der Beraterin ist es, die Teilnehmer auf einen achtsamen Umgang mit ihren persönlichen Erkenntnissen und Erfahrungen in der Gesamtgruppe hinzuweisen und jeden Teilnehmer einzuladen, noch einmal zu überprüfen, welche individuellen Themen sie im Team oder in der Gesamtgruppe öffentlich machen wollen. Aus unserer Sicht ist eine besondere Achtsamkeit im Umgang mit individuellen Erfahrungen notwendig, weil die Gefahr besteht, dass diese Informationen in der weiteren Zusammenarbeit im beruflichen Alltag zum Nachteil einzelner Personen eingesetzt werden könnten.

Danach empfehlen wir bei jeder Methode, mögliche Maßnahmen zur Weiterentwicklung der Organisation zu erarbeiten und in konkrete Umsetzungsschritte zu übertragen.

Wir stellen in der Folge verschiedene Diagnosemethoden für die Analyse von Kommunikations-, Konflikt- und Machtthemen vor. Für den Einsatz der Methoden werden Kenntnisse in Moderation, Organisationsberatung und Supervision vorausgesetzt. Eine Übersicht über die Tools zeigt ◘ Tab. 6.1.

Tab. 6.1 Alphabetische Übersicht der Methoden

Name des Tools	Zielsetzung	Beschrieben in
Arbeitsbeziehungen innerhalb und außerhalb einer Organisation	Die Arbeitsbeziehungen innerhalb einer Organisation, eines Teams sichtbar und bearbeitbar zu machen	► Abschn. 6.7
Chart der persönlichen Souveränität (IPS Map)	Förderung der persönlichen Souveränität	► Abschn. 6.17
Das rote Band	Beim Start von Organisationsentwicklungsprozessen oder wenn sich der Organisationsentwicklungsprozess vor einem entscheidenden Meilenstein befindet	► Abschn. 6.28
Diagnose der Kernkompetenzen	Feststellen der Kernkompetenzen eines Teams oder einer Organisation	► Abschn. 6.29
Diagnose der Veränderungsbereitschaft	Sichtbarmachung der Veränderungsbereitschaft in einem Team, in einer Organisation	► Abschn. 6.8
Die fünf Säulen der Identität einer Organisation	Ganzheitliche Diagnose der Organisation	► Abschn. 6.2
Die fünf Säulen der Identität in quantitativer Hinsicht	Ganzheitliche Diagnose der Organisation (quantitative Betrachtung)	► Abschn. 6.3
Führungsbiografie	Reflexion der eigenen Prägungen in Bezug auf Führungsarbeit	► Abschn. 6.24
Fundamental Collegiality Chart (FCC)	Darstellung des Klimas der Kollegialität zwischen den Mitarbeiterinnen	► Abschn. 6.18
Hypothetisches Interessenspartner-Interview	Die Diagnose der Organisation aus Sicht der Interessenspartner	► Abschn. 6.5
Kommunikations-Chart	Sichtbarmachung von Kommunikationsprozessen und den emotionalen Zuständen dazu	► Abschn. 6.11
Kommunikations-Diagramm	Sichtbarmachung von Kommunikationsprozessen und Kommunikationsbarrieren	► Abschn. 6.10
Konflikt-Chart	Visualisierung eines Konfliktes, um ihn besprechbar zu machen	► Abschn. 6.4
Machtaufstellungen	Offene und verdeckte Machtstrukturen sichtbar und bearbeitbar zu machen	► Abschn. 6.21
Macht-Ohnmacht-Diagramm	Sichtbarmachung der Selbst- und Fremdeinschätzung in Bezug auf „selbstverkörperte" und „selbstattribuierte" Macht	► Abschn. 6.23
Machtsculpturing	Offene und verdeckte Machtstrukturen sichtbar und bearbeitbar zu machen	► Abschn. 6.22
Management-Quality-Charting (MQC)	Selbstreflexion von Führungskräften oder Reflexion der Managementqualität durch die Mitarbeiter	► Abschn. 6.14

(Fortsetzung)

Tab. 6.1 (Fortsetzung)

Name des Tools	Zielsetzung	Beschrieben in
Panorama der Teamkonflikte	Bildhafte Darstellung der vergangenen Konflikte im Team	► Abschn. 6.13
Personal Power Map	Erfassung und Bearbeitung des Machtverhaltens von Einzelpersonen	► Abschn. 6.15
Structural Power Map	Erfassung und Bearbeitung der Machtkonstellationen in einer Organisation, in einem Team	► Abschn. 6.16
Team-Einblick	Stimmungsbilder aus dem Team bekommen	► Abschn. 6.19
Team-/ Organisationsdiagnose mit Symbolen	Erstellung einer Team-/ Organisationsdiagnose mithilfe von Symbolen	► Abschn. 6.20
Umweltdiagnose	Relevante Umwelten der Organisation herausarbeiten	► Abschn. 6.9
Unser Organisationsauftrag	Beim Start von Organisationsentwicklungs- und Strategieentwicklungsprozessen und immer dann, wenn Orientierung benötigt wird	► Abschn. 6.26
Unser Wertschöpfungsprozess	Reflexion des Wertschöpfungsprozesses und gemeinsames Identifizieren der Weiterentwicklungsmöglichkeiten	► Abschn. 6.25
Unternehmens-/Teambiografie	Darstellung der Geschichte der Entwicklung der Organisation mit ihren Phasen	► Abschn. 6.12
Vergangenheit – Gegenwart – Zukunft	Beim Start von Organisationsentwicklungsprozessen oder wenn sich der Organisationsentwicklungsprozess vor einem entscheidenden Meilenstein befindet	► Abschn. 6.27
Wie verorte ich mich als Person in meiner Organisation?	Die Stellung einer Person in der Organisation sichtbar machen	► Abschn. 6.6
Wertschätzendes Interview	Interview zum Herausarbeiten von Stärken	► Abschn. 6.30
Wie verorte ich mich als Person in der Organisation?	Die Stellung der einzelnen Person innerhalb der Organisation deutlich machen	► Abschn. 6.6

6.2 Die 5 Säulen der Identität der Organisation

- **Ziel der Methode**

- Erstellung einer ganzheitlichen Diagnose der Organisation anhand der Identitätsdimensionen

- **Wann einsetzen?**

Der Einsatz dieser Methode empfiehlt sich, wenn ein fundierter Überblick über alle Aspekte der Organisation erzielt werden soll. Die Durchführung empfiehlt sich innerhalb eines Analyseworkshops eher zu Beginn der Diagnosephase, da auf den Ergebnissen aufgebaut werden kann. Alternativ kann die Methode genauso in einem Diagnosegespräch in einer kleineren Gruppe angewendet werden.

- **Zeitrahmen**

Je nach Tiefe und Ausführlichkeit 2 h – 1 Tag

- **Teilnehmer/innen/zahl**

1 (bei Diagnosegesprächen) bis 15 (in Workshops) Personen

- **Raum**

- Tische und Sessel für die Gruppenarbeiten
- Sesselkreis für das Plenum

- **Material/Medien**

Flipchart, Papier, Stifte, Packpapierbögen (weiß wegen besserer Sichtbarkeit beim Fotoprotokoll), Moderationskärtchen

- **Methodische Hinweise**

Schritt 1

Theoretischer Input mit Visualisierung: Kap. „Integrative Supervision“

- Die fünf Säulen der Identität bei Individuen
- Die fünf Säulen der Identität bei Organisationen

Konzept von Hilarion G. Petzold

Identitätsbildung durch:

1. **Fremdattributionen:** Zuschreibungen von außen und
2. **Selbstattributionen:** eigene Zuschreibungen

Durch das Zusammenspiel von Zuschreibung von außen (Kunden, Zulieferer, Konkurrenten, die Öffentlichkeit) einerseits und den Selbstzuschreibungen (der Mitglieder des Netzwerks) kommt es zum Aushandeln von Identitätsgrenzen.

Fünf Bereiche tragen wie Stützen die Identität.

Schritt 2

Bildung von Kleingruppen. Davon bearbeiten etwa gleich viele Gruppen die Selbsteinschätzungen und die vermuteten Fremdeinschätzungen über die Organisation.

Also jede Kleingruppe beleuchtet entweder die Selbst- oder die Fremdeinschätzungen. Wenn genügend Zeit ist können die Gruppen nach einer Pause Perspektive wechseln.

▪▪ Fragestellung

Wenn Sie eine Bestandsaufnahme Ihrer Organisation machen: Wie steht Ihre Organisation derzeit in Bezug auf die 5 Säulen der Identität da?

Jede Gruppe macht für sich Notizen (Moderationskärtchen):

- Gruppen Selbstattributionen: Welche Zuschreibungen machen Sie sich in Bezug auf ihre Organisation selbst?
- Gruppen Fremdattributionen: Stellen Sie sich vor, Sie sind von außen: Welche Zuschreibungen werden in Bezug auf Ihre Organisation von außen gemacht? (Wobei im Optimalfall entweder als Vorbereitung oder zwischen 2 Workshops Außenstehende befragt werden und die Ergebnisse in den Workshop einfließen).

Schritt 3

Plenum: die Ergebnisse der Kleingruppen werden im Plenum vorgestellt. Die Moderationskärtchen werden auf ein großes vorbereitetes Plakat (leere 5 Säulen) geklebt (Grafik!!!).

Schritt 4

Im Plenum wird über das Ergebnis reflektiert (Was fällt auf? Was verwundert?).

▪▪ Quelle

Petzold 1998, weiterentwickelt von Bettina Strümpf

6.3 Die 5 Säulen der Identität der Organisation in quantitativer Hinsicht

▪ Ziel der Methode

- Anhand eines ganzheitlichen Modells über eine Skalierung eine Einschätzung der Organisationsmitglieder über die unterschiedlichen Dimensionen der Organisation zu bekommen

▪ Wann einsetzen?

Ähnlich wie die vorher beschriebene Methode „Die 5 Säulen der Identität der Organisation". Im Idealfall als Ergänzung dazu, wenn man nicht nur eine qualitative, sondern auch eine quantitative Einschätzung durch die Organisationsmitglieder erheben möchte. Diese Methode bringt einen schnellen Überblick über die verschiedenen Ausprägungen und Schwerpunktsetzungen in der Organisation.

▪ Zeitrahmen

Etwa 1–3 h

▪ Teilnehmer/innen/zahl

3–15 (ohne Vergleich zwischen den Organisationsmitgliedern auch in Einzelgesprächen)

▪ Raum

- Tische und Sessel für die Gruppenarbeiten
- Sesselkreis für das Plenum

▪ Material/Medien

Flipchart, Papier, Stifte, Packpapierbögen (weiß wegen besserer Sichtbarkeit beim Fotoprotokoll)

▪ Methodische Hinweise

Schritt 1

Voraussetzung: das Konzept der 5 Säulen der Identität von Hilarion G. Petzold muss den Teilnehmerinnen und Teilnehmern bekannt sein (siehe auch Methode Die 5 Säulen der Identität der Organisation).

Skalierung – quantitative Einschätzung – Gruppenmeinung:

Durch die Workshopleiterin/den Workshopleiter ist ein Plakat mit den leeren 5 Säulen der Identität mit einer Skalierung von + 100 bis − 100 (siehe Anhang) vorbereitet.

Das Team/die Gruppe gehen in einen gemeinsamen Aushandlungsprozess und legen darauffolgend gemeinsam fest, in welcher Ausprägung sie (Gruppenmeinung) jede einzelne Säule der Identität derzeit in der Organisation repräsentiert sehen. Ergebnis kann zum Beispiel sein, dass sie die Säule „Leistung/Arbeit" in der Organisation derzeit mit 60 % im Positiven oder mit 10 % im Negativen ausgeprägt sehen.

Schritt 2
Skalierung – quantitative Einschätzung – Einzelmeinung:
Im Anschluss daran führt jedes Organisationsmitglied die Einschätzung nochmals in Einzelarbeit durch. So hat einerseits der Gruppenaushandlungsprozess mit all seinen Ausprägungen Platz, wobei dieses Ergebnis vermutlich ein Kompromiss aus allen Meinungen ist. Jede Teilnehmerin und jeder Teilnehmer kann aber danach auch seine persönliche Meinung quantitativ darstellen. Das so entstehende Gesamtbild kann sich gegebenenfalls von dem vorher gemeinsam ausgehandelten Gruppenmeinung unterscheiden. Dies ist Grundlage für eine weitere tiefer gehende Auseinandersetzung mit dem Thema in der Gruppe.

Die Anleitung für die Einzelarbeit zur kognitiven, rationalen Einschätzung der 5 Identitätsdimensionen der Organisation, zu der jede/r 3 Arbeitsblätter erhält, lautet:

- Arbeitsblatt 1: +100 bis −100 % je Säule: Wie schätzen Sie das Netzwerk derzeit ein?
- Arbeitsblatt 2: +100 bis −100 % je Säule: Wie schätzen Sie das Netzwerk aufgrund der derzeitigen Ressourcenlage im nächsten halben Jahr ein?
- Arbeitsblatt 3: Tragen Sie die Differenz zwischen dem Arbeitsblatt Nr. 1 und 2 ein: = Steigerungspotenzial für das Netzwerk

Schritt 3
Das Ergebnis aller Arbeitsblätter wird in einer Pause durch die Workshopleiterin/den Workshopleiter zusammengeführt. Dadurch wird das durchschnittliche Steigerungspotenzial je Identitätsdimension in der Organisation ermittelt.

Schritt 4
Präsentation des Ergebnisses der zusammengeführten Einzelmeinungen des eingeschätzten Ist-Standes und des Steigerungspotenzials: auf Flipchart visualisiert durch die Workshopleiterin/den Workshopleiter.

Schritt 5
Plenum: Gegenüberstellung des Gruppenergebnisses und der Summe der Einzelarbeiten. Diskussion unter Einbeziehung etwa folgender Fragen:

Welche Unterschiede sind feststellbar? Was fällt auf? Wie deuten Sie die Ergebnisse? Was kann das für die zukünftige Arbeit/Zielsetzung/Aufgabenstellung in der Organisation bedeuten?

▪▪ Quelle
Bettina Strümpf (2007)

6.4 Konflikt-Chart

▪ Ziel der Methode

- Visualisierung eines Konflikts
- Durch die bildliche Darstellung das Konfliktfeld erfassbar, besprechbar und somit zur weiteren Bearbeitung zugänglich machen
- die Möglichkeit der Defizit- und Ressourcenanalyse zu bekommen: Diese kann Grundlage für eine gezielte Konfliktbearbeitung sein, deren Ziel ist, eine für alle tragbare Lösung in dem Konflikt zu finden

▪ Wann einsetzen?

Wenn es darum geht, einen Konflikt, der zunächst in Worten nicht leicht fassbar ist, besprechbar zu machen.

▪ Zeitrahmen

Abhängig von der Teilnehmer/innenzahl. Bei 12 TN: 3 h, bei größerer Teilnehmer/innenzahl entsprechend länger

▪ Teilnehmer/innen/zahl

2–16 Teilnehmer/innen

▪ Raum

Tische und Sessel für die Einzelarbeiten

▪ Material/Medien

Flipchart, Stifte, Pinwände

▪ Methodische Hinweise

Schritt 1

In Einzelarbeit fertigen alle Beteiligten ein Chart an, das aus ihrer Sicht den Konflikt darstellt.

Schritt 2

Die Charts werden im Raum ausgestellt, alle wandern herum und betrachten die Charts der anderen Teammitglieder.

Schritt 3

In der Folge werden die Charts sorgfältig und kompetent bearbeitet. Die unterschiedlichen Sichtweisen auf ein und denselben Konflikt zeigen sich. Bei der Bearbeitung und Diskussion sollen Kränkungen und Verschärfungen von Konflikten vermieden werden.

Schritt 4

Vereinbarung weiterer Maßnahmen. Somit kann es zu konstruktiven Lösungen kommen.

Variante: in 3- bis 4er-Kleingruppen: 1 Konflikt-Chart gemeinsam nonverbal zeichnen.

▪▪ Quelle

Petzold (1998, S. 394)

6.5 Hypothetisches Interessenspartner-Interview

■ Ziel der Methode

- Diagnose des Teams oder der Organisation aus der – angenommenen – Perspektive der Interessenspartner durchführen
- Vermutungen über die Meinung der Interessenspartner einholen

■ Wann einsetzen?

- Wenn vorher die Interessenspartner definiert wurden und die für die Diagnose relevanten Interessenspartner identifiziert wurden.
- Wenn es darum geht, eine Team- oder Organisationsdiagnose um die - vermutete – Perspektive der Interessenspartner anzureichern.

■ Zeitrahmen

1–3 h

■ Teilnehmer/innen/zahl

1–16 Teilnehmer/innen

■ Raum

Sesselkreis

■ Material/Medien

keine

■ Methodische Hinweise

Schritt 1

Ein Mitglied der Organisation nimmt auf einem Sessel Platz und übernimmt in die Rolle eines Interessenspartners.

Schritt 2

Stellvertretend für einen ausgewählten Interessenspartner wird das Organisationsmitglied entweder durch den Berater oder ein anderes Organisationsmitglied interviewt. Thema ist eine Diagnose des Teams oder der Organisation aus Sicht des Interessenspartners. Es können auch nur spezielle Aspekte ausgewählt werden.

Schritt 3

Dies kann danach für einen oder mehrere andere/n Interessenspartner wiederholt werden. Entweder durch das gleiche oder ein anderes Organisationsmitglied.

■■ Quelle

Tradition

6.6 Wie verorte ich mich als Person in meiner Organisation?

▪ Ziel der Methode

- Die Stellung der einzelnen Person innerhalb der Organisation deutlich machen
- Die Zusammenhänge der persönlichen und der organisationalen Dimensionen aufspüren und besprechbar machen

▪ Wann einsetzen?

Wenn es von Interesse ist, die Position einzelner Personen innerhalb einer Organisation zu visualisieren und die Vernetzungen und Bezogenheiten Einzelner zu thematisieren.

▪ Zeitrahmen

1–3 h

▪ Teilnehmer/innen/zahl

1–16 Teilnehmer/innen

▪ Raum

Tische, Sessel

▪ Material/Medien

- Flipchart-Papier
- Collage-Material oder Wachsmalkreiden oder Flipchart-Marker
- Pinnwände

▪ Methodische Hinweise

Schritt 1

Einzelarbeit: Jedes Organisationsmitglied nimmt ein halbes Flipchartplakat und entweder Collage-Material oder Wachsmalkreiden oder Flipchart-Marker und zieht sich auf einen ruhigen Platz zurück.

Schritt 2

Jede/r symbolisiert in ca. 15 min die Organisation als Symbol und seine Rolle, Position innerhalb der Organisation wiederum als Symbol. Dazu können Symbole verwendet werden (Beispiel: Organisation als Bienenhaus; Person als Biene/Königin usw., weitere Bienen/Drohnen usw.; Umgebung des Bienenhauses).

Schritt 3

Die Plakate werden im Raum aufgehängt. Alle stehen rund um die Flipcharts. Die einzelnen Collagen/Bilder werden eines nach dem anderen analysiert: Zunächst melden die anderen Organisationsmitglieder ihre Eindrücke rück: Wie wirkt das Bild? Welche Assoziationen entstehen? Welche Atmosphären sind spürbar? Danach erklärt der Schöpfer des Bildes sein Plakat.

Schritt 4
Diskussion der gemeinsamen und unterschiedlichen Sichtweisen in Bezug auf die unterschiedlichen Perspektiven auf die Organisation in allen Charts.

▪▪ Quelle
Tradition

6.7 Arbeitsbeziehungen innerhalb und außerhalb einer Organisation

- **Ziel der Methode**

- Die Arbeitsbeziehungen innerhalb und außerhalb der Organisation darstellen und bearbeitbar zu machen.

- **Wann einsetzen?**

Wenn visualisiert werden soll, wie die einzelnen Teammitglieder oder die Funktionsbereiche innerhalb einer Organisation/in einem Team in Beziehung stehen und mit welchen Funktionen und Bereichen die Organisation/das Team nach außen hin zu tun hat.

- **Zeitrahmen**

2–4 h

- **Teilnehmer/innen/zahl**

1–16 Teilnehmer/innen

- **Raum**

Tische, Sessel

- **Material/Medien**

- Pinnwand
- Flipchart-Papier und Stifte

- **Methodische Hinweise**

Schritt 1

Auf einer Pinnwand wird ein Kreis aufgezeichnet. Nun werden innerhalb des Kreises die Funktionsbereiche des Unternehmens/Teams oder die einzelnen Organisations- bzw. Teammitglieder eingetragen.

Schritt 2

Danach werden außerhalb des Kreises die Bereiche bzw. Funktionen eingetragen, mit denen das Unternehmen/das Team nach außen zusammenarbeitet.

Schritt 3

Nun werden in Kleingruppen (Funktionsgruppen, Kooperationen) die derzeitigen Richtungen und Inhalte der Zusammenarbeit untereinander visualisiert. Dazu werden Arbeitsbeziehungen auf gleicher Höhe z. B. mit einem durchgängigen Strich, zeitweise Arbeitsbeziehungen z. B. strichliert und strategische Beziehungen z. B. mit einem Doppelstrich eingetragen.

Schritt 4
Auf Basis dieser Bestandsaufnahme kann nun ein Austausch über gleiche/unterschiedliche Wahrnehmungen in Bezug auf derzeitige Arbeitsbeziehungen innerhalb und außerhalb des Unternehmens/des Teams erfolgen.

■■ Quelle
Tradition

6.8 Diagnose der Veränderungsbereitschaft

Ziel der Methode

- Herauszuarbeiten und aufzuzeigen, wie hoch die Veränderungsbereitschaft innerhalb eines Teams/innerhalb einer Organisation derzeit ist
- Einschätzung bekommen, welche Unterschiede und Gemeinsamkeiten innerhalb des Teams/innerhalb der Organisation in Bezug auf die Bereitschaft zur Veränderung bestehen

Wann einsetzen?

Wenn Veränderungen innerhalb des Teams oder innerhalb der Organisation anstehen.

Zur Unterstützung bei der Entscheidungsfindung, ob Veränderungen in Angriff genommen werden sollen.

Wenn bei getroffenen Entscheidungen zu Veränderung durch das Sichtbarmachen von Gemeinsamkeiten und Unterschieden in Bezug auf Veränderungsbereitschaft die Thematik besprechbar gemacht werden soll und somit einerseits eine höhere Identifikation mit der Veränderung erfolgen kann, andererseits klar wird, wo noch Klärungs- oder Handlungsbedarf ist, damit eine Veränderung tragfähig umgesetzt werden kann.

Zeitrahmen

1–2 h

Teilnehmer/innen/zahl

3–16 Teilnehmer/innen

Raum

leer

Material/Medien

- Klebeband zur Markierung auf dem Boden
- Kärtchen, Stifte

Methodische Hinweise

Schritt 1

Am Boden werden mit Klebeband 2 Koordinaten markiert. Die Koordinaten werden beschriftet: im Schnittpunkt „niedrig", an den beiden Außenpunkten „hoch"; eine Koordinate mit „Veränderungsnotwendigkeit", die andere mit „Veränderungsbereitschaft".

Schritt 2

Die Team- bzw. Organisationsmitglieder werden eingeladen, die Koordinaten abzuschreiten und sich dann dort zu positionieren, wo sie meinen, dass die Veränderungsbereitschaft des Gesamtteams/der Gesamtorganisation angesiedelt ist. Wenn alle eine Position gefunden haben, erfolgt ein Austausch über die Wahrnehmungen von Unterschieden und Übereinstimmungen.

Schritt 3
Danach werden die Team- bzw. Organisationsmitglieder eingeladen, die Koordinaten abzuschreiten und sich dann dort zu positionieren, wo sie meinen, dass ihre persönliche Veränderungsbereitschaft in Bezug auf die im Team/in der Organisation anstehende Veränderung angesiedelt ist. Wenn alle eine Position gefunden haben, erfolgt ein Austausch über die Wahrnehmungen von Unterschieden und Übereinstimmungen.

Schritt 4
Jedes Team- bzw. Organisationsmitglied wechselt daraufhin einige Male zwischen der Position, wie es die Veränderungsbereitschaft der Organisation eingeschätzt hat und der eigenen Veränderungsbereitschaft und beobachtet, welche Unterschiede sich ergeben.

Schritt 5
Gemeinsamer verbaler Austausch über die Wahrnehmungen. Welche Schlüsse kann das Team/die Organisation daraus ziehen?

▪▪ Quelle
Tradition

6.9 Umweltdiagnose

- **Ziel der Methode**

- Herauszuarbeiten, welche relevanten Umwelten/Interessenpartner das Team/die Organisation hat (z. B. Kooperationspartner, Lieferanten, Auftraggeber, Kunden, Öffentlichkeit, Mitbewerber, gesetzlicher Rahmen…)

- **Wann einsetzen?**

- Wenn die Interessenspartner definiert werden sollen.
- Als Vorbereitung auf Methode „Interview Interessenspartner": Wenn die Sicht der Interessen in die Organisation geholt werden soll
- Im Rahmen von Strategieentwicklungsprozessen
- Zur Optimierung der Zusammenarbeit zwischen dem Team/der Organisation und den Interessenspartnern

- **Zeitrahmen**

2–3 h

- **Teilnehmer/innen/zahl**

3–16 Teilnehmer/innen

- **Raum**

Sesselkreis, ev. Tische

- **Material/Medien**

- Pinnwand
- Plakat, Moderationskarten, Stifte

- **Methodische Hinweise**

Schritt 1
An der Pinnwand wird in der Mitte kleiner ein Kreis mit dem Namen des Teams/der Organisation gezeichnet.

Schritt 2
In Kleingruppen werden die relevanten Umwelten/Interessenspartner des Teams/der Organisation definiert und jeder Interessenspartner auf je 1 Karte geschrieben.

Schritt 3
Im Plenum werden die relevanten Umwelten/Interessenspartner ausgewählt.

Schritt 4
Die Kärtchen mit den relevanten Umwelten/Interessenspartnern werden auf der Pinnwand rund um den Kreis mit dem Namen des Teams/der Organisation positioniert und mit einem Strich verbunden. Dabei wird einerseits unterschieden wie nah/fern der Interessenspartner steht (Kärtchen näher oder ferner an den Kreis). Andererseits wird unterschieden wie wichtig/weniger wichtig (z. B. in Bezug auf Abhängigkeit,

Unabhängigkeit) der jeweilige Interessenspartner ist, indem über das Kärtchen ein kleinerer oder größerer Rahmen gezogen wird.

Schritt 5
Gemeinsamer verbaler Austausch über die Eindrücke. Welche Schlüsse kann das Team/die Organisation daraus ziehen?

■■ Quelle
Tradition

6.10 Kommunikations-Diagramm

■ Ziel der Methode

- Überblick über Kommunikations- und Informationskanäle zu erhalten, als Basis zur Weiterentwicklung des Kommunikationskonzeptes
- beim Etablieren von Soll-Kommunikationskonzepten
- Sichtbarmachung der emotionalen Dimension von Kommunikation

■ Wann einsetzen?

Diese Methode ist geeignet, im Team und in der Organisation, Kommunikationsprozesse und Kommunikationsbarrieren sichtbar zu machen. Mit den Ergebnissen dieser Methode kann gut gearbeitet werden, um gemeinsam die Kommunikationsstruktur neu aufzubauen oder weiterzuentwickeln.

Diese Methode ist auch gut geeignet für den Start von Wissensmanagementprozessen.

■ Zeitrahmen

- Bei 12 TeilnehmerInnen ca. 4 h

■ Teilnehmer/innen/zahl

3 TeilnehmerInnen bis zur Großgruppe

■ Raum

Die Gruppen (3–5 Personen) sollten an den Tischen an ihren Charts arbeiten können.

■ Material/Medien

- Ein Pinnwandpapier pro Gruppe
- Stifte
- Pinnwände zur Präsentation der Ergebnisse

■ Methodische Hinweise

Schritt 1

Die Beraterin erläutert die konkrete Fragestellung, Ziel und Methodik der Arbeit und weist darauf hin, dass neben vertikalen Kommunikationsströmen, auch horizontale Kommunikationsströme berücksichtigt werden – wichtig ist, dass die IST Kommunikationsprozesse von Funktionen, Positionen dargestellt werden.

Schritt 2

Im zweiten Schritt arbeiten die Teilnehmer in Gruppen an der IST-Darstellung der Kommunikationsströme und Kommunikationsbarrieren und zeichnen die Kommunikationswege.

Schritt 3

Die einzelnen Gruppen präsentieren die Gruppenergebnisse und alle Teilnehmer diskutieren unter der Leitung der Beraterin über Ähnlichkeiten und Unterschiede in den Gruppen.

■■ Quelle

Petzold (1998, S. 248 und S. 307)

6.11 Kommunikations-Chart

- **Ziel der Methode**

- Überblick über Kommunikationsprozesse und die emotionale Situation dazu als Basis zur Weiterentwicklung des Kommunikationskonzeptes
- beim Etablieren von Soll-Kommunikationskonzepten
- Sichtbarmachung der emotionalen Dimension von Kommunikation

- **Wann einsetzen?**

- Diese Methode ist geeignet, im Team und in der Organisation, Kommunikationsprozesse und die jeweiligen emotionalen Situationen sichtbar zu machen. Mit den Ergebnissen dieser Methode kann gut gearbeitet werden, um gemeinsam die Kommunikationsstruktur neu aufzubauen oder weiterzuentwickeln.
- Mit dieser Methode wird Verständnis für die emotionale Bedeutung von Kommunikation entwickelt.
- Diese Methode ist auch gut geeignet für den Start von Wissensmanagementprozessen.

- **Zeitrahmen**

Bei 12 TeilehmerInnen ca.3 h

- **Teilnehmer/innen/zahl**

3 Teilnehmerinnen -Großgruppe

- **Raum**

Die Gruppen (3–5 Personen) sollten an den Tischen an ihren Charts arbeiten können.

- **Material/Medien**

- Ein Pinnwandpapier pro Gruppe
- Stifte
- Pinnwände zur Präsentation der Ergebnisse

- **Methodische Hinweise**

Schritt 1

Der Berater erläutert die konkrete Fragestellung, Ziel und Methodik der Arbeit und weist darauf hin, dass es in dieser Aufgabe darum geht, bildhaft die Kommunikationsprozesse und ihre emotionale Wirkung darzustellen.

Schritt 2

Die Teilnehmerinnen arbeiten an der Fragestellung und malen oder zeichnen an ihren Charts in Einzel- oder in Gruppenarbeit (Dauer: 30–45 min).

Schritt 3

Im dritten Schritt präsentieren die Teilnehmer ihre Ergebnisse und diskutieren über Ähnlichkeiten und Unterschiede in den einzelnen Arbeiten.

▪▪ **Quelle**

Petzold (1998, S. 248 und S. 307)

6.12 Unternehmens-/Teambiografie

▪ Ziel der Methode

- Überblick über die Geschichte des Teams, der Organisation zu bekommen von der Gründung bis zum gegenwärtigen Zeitpunkt
- Verständnis für die derzeitige Phase der Unternehmens- bzw. Teamentwicklung zu gewinnen
- Um neue Mitarbeiterinnen und Mitarbeiter mit der Unternehmensgeschichte vertraut zu machen
- Um Ressourcen und Strategien der Organisation bei bisherigen Veränderungsprozessen und Unternehmenskrisen sichtbar zu machen

▪ Wann einsetzen?

Diese Methode ist für den Start von Team- und Organisationsentwicklungsprozessen gut geeignet, es wird ein gemeinsames Verständnis für die Entwicklung des Teams, der Organisation geschaffen. Neu hinzugekommene Mitarbeiter können mit dieser Methode ein gutes Verständnis für das „Werden" der Organisation, des Teams entwickeln.

▪ Zeitrahmen

Bei 12 Teilnehmerinnen: ca. 3–4 h

▪ Teilnehmer/innen/zahl

Ab 4 Personen

▪ Raum

Der Raum sollte genügend Platz bieten, dass alle Teilnehmerinnen an einem mehrere Meter langen Plakat arbeiten können.

▪ Material/Medien

- mehrere Meter Flip Chartpapier/Pinnwandpapier
- unterschiedliche Stifte

▪ Methodische Hinweise

Schritt 1

Die Beraterin erläutert das Ziel und die Methodik der Arbeit und weist darauf hin, dass es in den Charts darum geht, bildhaft die Geschichte der Organisation, des Teams darzustellen. Bei älteren Organisationen kann eine Zeitskala auf den Charts hilfreich sein.

Der Supervisor weist darauf hin, dass es in dieser Darstellung darum geht, die Geschichte des Unternehmens zu verdeutlichen (Entwicklungsphasen, wichtige Meilensteine, innen und außen, ev. Anzahl der Mitarbeiter, Standorte, Konflikte, Erinnerungen…).

Schritt 2

Die Teilnehmer arbeiten einzeln oder in Gruppen an der Fragestellung und schreiben, malen oder zeichnen ihre Erinnerungen zur Geschichte der Organisation (Dauer 45 min bis eine Stunde).

Schritt 3
Gemeinsam wird das Ergebnis besprochen und diskutiert.

Schritt 4
Bei größeren Teilnehmerzahlen macht es Sinn, die einzelnen Gruppen darüber nachdenken zu lassen, was bei dieser Organisationsgeschichte auffällt, was die Organisation im Lauf der Zeit gelernt hat, welche Phasen immer wieder kommen, etc.

■■ Quelle
Tradition

6.13 Panorama der Teamkonflikte

▪ **Ziel der Methode**

Bildliche Darstellung konflikthafter Ereignisse im Team im Verlauf der letzten Monate, die auch eine vermutete Vorwegnahme weiterer Entwicklungen miteinschließen kann.

▪ **Wann einsetzen?**

Diese Methode ist im Rahmen von Teamentwicklungs- und Teamsupervisionsprozessen geeignet, wenn es darum geht, Teamkonflikte besprech- und bearbeitbar zu machen, damit das Team für die Zukunft aus seinem Konfliktverhalten lernen kann.

▪ **Zeitrahmen**

Bei 12 Teilnehmerinnen circa 3 h

▪ **Teilnehmer/innen/anzahl**

3–6

▪ **Raum**

Die Gruppen (3–5 Personen) sollten an den Tischen oder an Pinwänden an ihren Charts arbeiten können.

▪ **Material/Medien**

- Ein Pinnwandpapier pro Gruppe
- Stifte
- Pinnwände zur Präsentation der Ergebnisse

▪ **Methodische Hinweise**

Schritt 1

Die Supervisorin erläutert die konkrete Fragestellung, Ziel und Methodik der Arbeit. Und weist darauf hin, dass es in der Arbeit darum geht, bildhaft die Konflikte des Teams der letzten Monate auf einem Chart darzustellen.

Schritt 2

Die Teilnehmerinnen arbeiten einzeln oder in Gruppen an dieser Fragestellung.

Schritt 3

Die Teilnehmerinnen präsentieren die Ergebnisse und diskutieren über die Ähnlichkeiten und Unterschiede dieser Charts.

▪▪ **Quelle**

Petzold (1998, S. 308)

6.14 Management-Quality-Charting (MQC)

■ **Ziel der Methode**
- Weiterentwicklung von Führungskräften
- Managementfeedback
- Selbstreflexion von Führungskräften
- Erarbeitung und Entscheidung von Strategien in Bezug auf Veränderung der Unternehmenskultur und Unternehmensphilosophie
- Transparent- und Diskursivmachen der Macht des Managements

■ **Wann einsetzen**

Diese Methode kann einerseits zur Selbstreflexion von Führungskräften eingesetzt werden, kann aber auch zur Reflexion der Managementqualität von betroffenen Mitarbeiterinnen erfolgen, oder aber sowohl von Mitarbeiterinnen als auch von Führungskräften in einem dialogischen Prozess durchgeführt werden.

Die Teilnehmerinnen werden aufgefordert, Aspekte des Managements in seiner Funktionalität, seinen Qualitäten, seinen Strategien und seiner Effizienz, was die Steuerung des spezifischen Aufgabenbereiches oder etwaiger übergeordneter Aufgabenbereiche anbelangt, bildlich darzustellen.

Folgende Aspekte können für das Charting herangezogen werden: Ergebnisorientierung und Wertschöpfung, Transparenz, Kommunikation, Information, Entscheidungen, Transparenz, Umgang mit Macht und Ressourcen, Zielformulierung und Planung, Arbeitsklima, Mitarbeiterzufriedenheit, etc.

Diese Methode ist auch gut geeignet, in der Organisation Verständnis für Managementverhalten zu entwickeln daran anschließend zu erarbeiten, wie man die Managementfunktion optimieren könnte? Bei dieser Methode geht es darum, Personalisierungen weitgehend zu vermeiden.

■ **Zeitrahmen**

Bei 12 Teilnehmern ca. 1 Tag

■ **Teilnehmer/innen/anzahl**

3–16

■ **Material/Medien**
- Flip Chartpapier
- Pinnwände
- Stifte

■ **Methodische Hinweise**

Schritt 1

Die Beraterin erläutert die Philosophie des reflexiven Managements, die hinter der Management-Quality-Charting steht.

Ziel ist es Hinweis, dass es in diesem Charting Prozess darum geht, Managementfunktionen zu reflektieren und in der Reflexion und Diskussion darüber, lösungsorientierte Maßnahmen zu entwickeln und umzusetzen. Es geht nicht darum, einzelne in ihrem individuellen Verhalten zu beurteilen, sondern die Managementfunktion als wichtige Funktion im Unternehmen zu reflektieren und weiterzuentwickeln. Im ersten Schritt erarbeiten die Teilnehmerinnen die Zielsetzung dieses Management-Charting Prozesses, wie sie mit den Ergebnissen umgehen möchten und welche Aspekte von Management betrachtet werden sollen.

Schritt 2
Alle Teilnehmer stellen grafisch ihre Überlegungen, aber auch ihre Emotionen zum jeweiligen Managementaspekt dar. Hier kann in Einzelarbeit oder in Gruppen gearbeitet werden.

Schritt 3e
Die einzelnen Managementcharts werden präsentiert und besprochen.

Schritt 4
Die Schritte 1–4 können für alle ausgewählten Managementaspekte wiederholt werden.

Schritt 5
In der Zusammenschau aller Ergebnisse soll noch einmal diskutiert werden, was den Teilnehmerinnen über diesen Prozess klar geworden ist und was sie persönlich daraus gelernt haben.

▪▪ Quelle
Petzold (1998, S. 247 f.)

6.15 Personal Power Map

- **Ziel der Methode**
  - Individuelle Auseinandersetzung mit Machterfahrungen und ihre Bedeutung für die derzeitige Arbeit
  - Offene und verdeckte Machtkonzepte zu erfassen
  - Förderung persönlicher Souveränität im Umgang mit Macht und Kontrolle
  - Persönliches Empowerment der Teilnehmer

- **Wann einsetzen**
  - Diese Methode wird eingesetzt, wenn das Machtverhalten von Einzelpersonen, ihren Umgang mit Macht, ihre Machtausübung, wie ihre Reaktionen ausmacht - ZB Auflehnung, Ohnmacht, Anpassung, Angst – erfasst und bearbeitet werden sollen.
  - Diese Methode kann auch im Rahmen von Leadeship-Entwicklungen eingesetzt werden.
  - Diese Methode ist gut geeignet, wenn aus Mitarbeitern erstmals Führungskräfte werden, es macht Sinn sich zu diesem Zeitpunkt mit den eigenen Zugängen und Erfahrungen zu Macht und Gestaltung auseinanderzusetzen.

- **Zeitrahmen**
  - Bei 12 Teilnehmern circa 3 h
  - Kann auch im Einzelcoaching, in der Einzelsupervision verwendet werden.

- **Teilnehmer/innen/zahl**

1–16

- **Raum**

Jeder Teilnehmer hat die Möglichkeit an einem Tisch an seinem Power Chart zu arbeiten.

- **Material/Medien**
  - A3 Blätter oder Flip Chart Papier
  - Stifte
  - Collagematerial

- **Methodische Hinweise**

Schritt 1

Die einzelnen Teilnehmer werden in der Einführung gebeten, in ihrem beruflichen und privaten Kontext Phänomene der Macht und wichtige Ereignisse in ihrer beruflichen, eventuell auch privaten Geschichte in Bezug auf Macht aufzuspüren.

Schritt 2

Die Teilnehmerinnen visualisieren ihre individuellen Erfahrungen mit Macht. Es geht darum individuelle Macht- und Ohnmachtserlebnisse darzustellen. Wie haben sich diese Erlebnisse ausgewirkt?

Schritt 3
Je nach Situation werden die Einzelbilder dann in der Supervision, im Coaching oder in der Kleingruppe besprochen. Die einzelnen Teilnehmerinnen präsentieren ihre Zugänge und Erfahrungen und die anderen Teilnehmer oder die Beraterin stellt Fragen dazu. Der Berater kann Themen wie „Angst vor der Macht", „Machtbesessenheit", „erlernte Hilflosigkeit", „Ohnmachtsgefühle", „Scheu vor Verantwortung", „Angst, Macht offen zu zeigen", „Machtlegitimation", etc. mit der Gruppe besprechen.

Schritt 4
Im vierten Schritt können persönliche Empowerment-Strategien besprochen werden, wie zum Beispiel Übungen zur Willens- und Entscheidungsfähigkeit, Übungen zur Entspannung, etc.

▪▪ Quelle
Petzold (1998, S. 343 f.)

6.16 Structural Power Map

▪ Ziel der Methode

- Offene und verdeckte Machtkonzepte zu erfassen
- Macht und Kontrolle werden in der eigenen Organisation besprechbar und bilden die Basis für die Reflexion und das Lernen der Organisationsmitglieder
- Mehr Kooperation zwischen Mitarbeitern und Führungskräften zu erreichen
- Unterstützung bei der Einführung von Managementsystemen oder bei organisatorischen Veränderungsprozesse, die Ängste und Ohnmachtsgefühle bei Mitarbeiterinnen hervorrufen
- Fördern von persönlicher Souveränität im Umgang mit Macht und Kontrolle

▪ Wann einsetzen?

Diese Methode ist gut geeignet, wenn die Machtkonstellationen in einem Team, einer Abteilung, in einer Organisation erfasst und bearbeitet werden sollen.

Sinnvoll ist es, vor der Erarbeitung der „Structural Power Maps" mit den Teilnehmern machttheoretische Basiskonzepte wie Willens- und Kontrolltheorie, sowie Attribution, erlernte Hilflosigkeit, etc. zu besprechen. Wichtig ist, dass über Macht aus verschiedenen Gesichtspunkten gesprochen wird, zum Beispiel über positiv erlebte Gestaltungsmacht und einengende kontrollierende Macht, sodass nicht nur der negative oder der positive Aspekt von Macht vorherrscht.

▪ Zeitrahmen

Bei 12 Teilnehmerinnen circa. 6 h

▪ Teilnehmer/innen/zahl

3–16

▪ Raum

Die Teilnehmer haben einen Tisch vor sich, auf dem sie die Power Map gestalten können, bei der Gestaltung on Power Maps in Kleingruppen bieten sich eine Tischgruppe pro Kleingruppe an.

▪ Material/Medien

- A3 Blätter oder Flip Chart Papier
- Stifte
- Collagematerial

▪ Methodische Hinweise

Schritt 1

Die Teilnehmer werden in der Einführung gebeten, in ihrem beruflichen Kontext Phänomene der Macht und wichtige Ereignisse in ihrer beruflichen Geschichte in Bezug auf Macht aufzuspüren. Wo haben sich Machtphänomene konstruktiv oder nachteilig ausgewirkt? Bitte stellen Sie ihre eigene Position, ihre Gefühle und Gedanken dar, um das Machtthema in ihrer Abteilung in ihrem Team zu gestalten.

Schritt 2
Die Teilnehmer präsentieren ihre Charts, andere Teilnehmerinnen stellen Fragen dazu. Der Berater kann Themen wie „Angst vor der Macht", „Machtbesessenheit", „erlernte Hilflosigkeit", „Ohnmachtsgefühlen", „Scheu vor Verantwortung", „Angst, Macht offen zu zeigen", „Machtlegitimation", etc. mit der Gruppe besprechen.

Schritt 3
Die Ergebnisse der einzelnen Teilnehmer oder der Kleingruppen werden zeichnerisch in Gruppenarbeit zusammengefasst und die verschiedenen Perspektiven und Machtdynamiken auf das Team oder die Organisation zu verdichtet.

Schritt 4
Gemeinsam wird über die Ergebnisse diskutiert, es passiert ein Austausch über Umgang mit Macht.

■■ Quelle
Petzold (1998, S. 343 f.)

6.17 Chart der persönlichen Souveränität (IPS Map)

■ Ziel der Methode

- Förderung persönlicher Souveränität
- Persönlichkeitsentwicklung

■ Wann einsetzen?

Diese Methode kann im Einzelcaching oder in Teamentwicklungsseminaren als Diagnostik Instrument aber auch für Empowerment-Strategien eingesetzt werden.

Vor dem Einsatz dieser Methode ist es sinnvoll, das Konzept persönlicher Souveränität darzustellen. Man spricht von persönlicher Souveränität, wenn es einem Menschen gelingt, auch in schwierigen Situationen, unter äußerem Druck oder bei Belastungen seine innere Ausgewogenheit zu behalten und in Freiheit, Ruhe, Gelassenheit und Überzeugungskraft zu reagieren. Diese persönliche Souveränität ist sozusagen die Basis gegenseitigen Respekt und fundierter Kollegialität.

Die Themen der IPS Maps können bei Bedarf auch in Rollenspielen bearbeitet werden. Im Rahmen von Coaching Prozessen kann können Symbole und Themen der IPS Chart getieft werden.

■ Zeitrahmen

In Einzelcoachings oder bei Teamentwicklungsprozessen: bei 12 Teilnehmerinnen: ca. 6 h

■ Teilnehmer/innen/zahl

1–12

■ Raum

Jeder Teilnehmer hat die Möglichkeit, an einem eigenen Tisch am eigenen Chart zu arbeiten.

■ Material/Medien

- Papierblätter
- Wachsmalstifte

■ Methodische Hinweise

Schritt 1

Die Teilnehmer werden angeleitet, sich ihrem „inneren Ort der Souveränität" anzunähern und an Situationen zu denken, in denen sie sich sehr souverän gefühlt haben. Die Teilnehmer haben die Aufgabe, in ihren Körper hineinzuspüren, wo ihre Kraft, ihr Gefühl der Souveränität besonders verankert ist. Die Teilnehmerinnen werden gebeten mit den Farben auf dem vor Ihnen liegenden Papier das „Bild ihrer Souveränität" zu malen. Wichtig ist es, immer wieder in sich selbst hineinzuspüren und aus dieser Resonanz heraus dieses „Bild der eigenen Souveränität" zu malen.

Die Teilnehmerinnen werden gebeten, den äußeren Rahmen des Charts freizulassen.

Schritt 2

Die Teilnehmerinnen erstellen ihre Bilder. Dauer: 45 min.

Schritt 3
Gemeinsames Besprechen der Ergebnisse: was fällt auf, was ist interessant.

Schritt 4
Die Teilnehmerinnen werden angeleitet, nachdem sie nun ihren Inneren Ort der Souveränität gemalt haben, nun auf den äußeren Rahmen, der bis jetzt weiß geblieben ist, all das hineinzumalen, was für den „äußeren" Raum ihrer Souveränität kennzeichnend ist, ihren persönlichen Freiraum, und ihre Kompetenz und wie die Teilnehmerinnen ihre Kompetenz praktizieren.

Schritt 5
Die Teilnehmer zeichnen ihre äußere Kompetenz. Dauer: circa 30 min.

Schritt 6
Die Teilnehmer schreiben zu den Bildern einen erläuternden Kommentar.

Schritt 7
Austausch der Teilnehmerinnen über das Gezeichnete, über Wirkungen und Erfahrungen.

▪▪ Quelle
Petzold (1998, S. 283 f.)

6.18 Fundamental Collegiality Chart (FCC)

- **Ziel der Methode**

- Verbesserung der Arbeitsbeziehungen in Teams
- Darstellung des Klimas der Kollegialität in einem Team zwischen den Mitarbeiterinnen
- zugleich Sensibilisierung für die Bedeutung von Kollegialität
- durch die bildlichen Darstellungen der Charts Sichtbarmachen der Qualitäten der Interaktion in ihrer ganzen Vielschichtigkeit
- durch die Farbgebung nuancierter Ausdruck dessen, was zunächst in Worten nicht leicht fassbar war, dann aber besprechbar wird
- Vordergründige, hintergründige, unterschwellige Beziehungsdynamiken erkennbar machen, sodass an ihnen mit dem Ziel, „fundierte Kollegialität" zu erreichen, konstruktiv gearbeitet werden kann
- Die Möglichkeit der Defizit- und Ressourcenanalyse: Diese können Grundlage für eine gezielte Organisationsentwicklungsarbeit sein, deren Ziel die Verbesserung des Klimas und der Zusammenarbeit in Abteilungen oder der Kooperation in Teams ist.

- **Wann einsetzen?**

- Diese Methode kann im Rahmen von Team- und Organisationsentwicklungsprozessen, sowie bei Unternehmensgründungen, wenn mehrere Gründer beteiligt sind, eingesetzt werden.
- Ebenso ist die Methode gut geeignet, wenn Projektteams eingesetzt werden oder überhaupt Teamstruktur in der Organisation eingeführt wird.
- Die Methode kann auch gut zur Diagnose eines Führungsteams eingesetzt werden, wobei es hier interessant sein kann, auch Mitarbeiter, Kunden und Eigentümer darzustellen.
- Vor dem Einsatz dieser Methode ist es sinnvoll, das Konzept der fundierten Kollegialität vorzustellen und damit eine Sensibilisierung für diesen Ansatz zu erreichen.
- Diese Methode kann Kränkungen, alte und frische Konflikte sichtbar machen, deshalb sollte diese Methode sehr sorgfältig eingesetzt werden und darauf geachtet werden, dass keine Verschärfung der Konflikte passiert.
- Bei Bedarf kann nach der IST-Analyse der Kollegialität einzeln oder gemeinsam ein Sollzustand visualisiert und weiterbearbeitet werden.

- **Zeitrahmen**

Bei 12 Teilnehmerinnen circa 6 h

- **Teilnehmer/innen/anzahl**

2–12

- **Raum**

Die Teilnehmer haben die Möglichkeit in Gruppen an ihren Charts zu arbeiten.

- **Material/Medien**

- Große Papierblätter
- Wachsmalstifte

■ Methodische Hinweise

Schritt 1

Die Teilnehmer werden angeleitet, allein oder mit drei anderen Teilnehmerinnen des Teams an ihrer Kollegialität zu arbeiten. Jede Person hat sich mit dem eigenen Namen, einem Symbol etc. am Rande des Papiers sozusagen einen Ausgangsplatz zu suchen und zeichnerisch die Form der Interaktion mit den jeweils anderen darzustellen.

Schritt 2

Die Teilnehmerinnen erstellen ihre Bilder. Dauer: 30 min.

Schritt 3

Die Teilnehmerinnen präsentieren ihre Zeichnungen und haben die Möglichkeit, ihre Gefühle zu den Zeichnungen zu äußern.

Schritt 4

Jeder Teilnehmer hat die Möglichkeit in einer Einzelarbeit, das individuelle Lernen aus der Betrachtung der Charts für sich selbst zu formulieren.

Schritt 5

Wer von den Teilnehmerinnen möchte, kann aus dem „individuellen Lernen" etwas in die Gruppe zurückgeben. Die Teilnehmer werden nicht dazu gedrängt.

Schritt 6

Bei Bedarf kann nach diesen Situationen Einzelcoaching angeboten werden.

■■ Quelle

Petzold (1998, S. 292 f.)

6.19 Team-Einblick

▪ Ziel der Methode

- Stimmungsbilder aus dem Team zu bekommen

▪ Wann einsetzen?

- Wenn als Einstieg in ein Thema oder in eine Team- oder Organisationsentwicklung zunächst diagnostiziert werden soll, welche Stimmungsbilder innerhalb des Teams aktuell präsent sind.
- Wenn ein schneller Überblick über den „Stand der Dinge“ eingeholt werden soll.

▪ Zeitrahmen

0,5–Stunde

▪ Teilnehmer/innen/zahl

3–10 Teilnehmer/innen

▪ Raum

Sesselkreis, Gegenstand zur Markierung der Mitte

▪ Material/Medien

Jedes Teammitglied wählt einen kleinen persönlichen Gegenstand (z. B. Schlüsselbund, Kugelschreiber…)

▪ Methodische Hinweise

Schritt 1
Alle Teammitglieder sitzen im Sesselkreis rund um einen gekennzeichneten Mittelpunkt und denken sich eine Linie (Skala) zwischen ihrem Platz und dem Mittelpunkt.

Schritt 2
Der Berater formuliert eine Frage, die eine graduelle Antwort zulässt, etwa „Wie zufrieden bin ich zurzeit mit dem Klima in unserem Team oder mit der Arbeitsaufteilung im Team?“

Schritt 3
Alle legen ihren persönlichen Gegenstand auf die gedachte Skala. Je mehr sie die Frage bejahen, desto näher wird der Gegenstand an die Mitte gelegt. Das Hinlegen des Gegenstandes soll von allen gleichzeitig erfolgen.

Schritt 4
Nun ist der Gruppentrend als Bild erkennbar. Wenn die Teilnehmer wollen, können sie ihre Position kommentieren. Der Berater/die Beraterin achtet darauf, dass keine Rechtfertigungen erfolgen. Dann werden alle Gegenstände wieder zurückgenommen.

Schritt 5
Der Berater/die Beraterin stellt die nächste Frage und die Teilnehmer positionieren wiederum ihren Gegenstand auf der Skala. Fragen können beispielsweise sein: „Wie effizient sind unsere Besprechungen für mich?", „Wie motiviert bin ich zurzeit für meine Mitarbeit hier?", „Wie wichtig ist mir meine Arbeit zurzeit?" usw. Empfehlenswert ist, wenn die Beraterin die ersten Fragen stellt, danach sind alle Teammitglieder eingeladen, Fragen zu stellen.

Schritt 6
Abschließend kann ein verbaler Austausch über die Ergebnisse erfolgen.

▪▪ Quelle
Klaus Voppel beschrieben in Reichel R., Rabenstein R. (2001, S. 107).

6.20 Team-/Organisationsdiagnose mit Symbolen

■ Ziel der Methode

- Mithilfe von Symbolen eine Diagnose des Teams oder der Organisation erstellen

■ Wann einsetzen?

- Beim Start von Team- oder Organisationsentwicklungsprozessen, um ein gemeinsames oder unterschiedliches Bild auf das Team oder die Organisation zu bekommen.
- Die Symbole regen den Austausch der Teilnehmerinnen untereinander an und erleichtern den Austausch über die Komplexität eines Teams oder einer Organisation.

■ Zeitrahmen

0,5–1 h

■ Teilnehmer/innen/zahl

3–15 Teilnehmer/innen (ev. auch in Kleingruppen arbeiten)

■ Raum

Sessel, Tische

■ Material/Medien

Symbolkärtchen für das Team oder die Organisation vorbereiten (Pilze, Gruppe von Bergsteigern, Familie, Theater, Militär, Zahnräder, Bäume usw.)

■ Methodische Hinweise

Schritt 1

Das Team/die Organisation sitzt um einen Tisch, in der Mitte liegen Symbolkärtchen. Bei einer größeren Gruppe auch Arbeit in Kleingruppen möglich.

Schritt 2

Der Berater lädt ein, sich über die Symbole auszutauschen: Welches Symbol widerspiegelt unser Team/unsere Organisation zum jetzigen Zeitpunkt am Ehesten? Austausch über Gemeinsamkeiten und Unterschiede und über Hintergründe. War es immer so, oder gab es in den letzten Monaten/Jahren Veränderungen?

Schritt 3

Abschließend bittet die Beraterin um ein kurzes Feedback. Wenn verschiedene Kleingruppen parallel gearbeitet haben, kann im Plenum nochmals ein Austausch über Gemeinsamkeiten und Unterschiede erfolgen.

■■ Quelle

Tradition

6.21 Machtaufstellungen

▪ Ziel der Methode

- Offene und verdeckte Machtstrukturen in beruflichen Kontexten sollen deutlich ersichtlich und erfahrbar werden
- Einen Eindruck von den Machtkonstellationen im Team oder in der Organisation zu bekommen

▪ Wann einsetzen?

- Diese Methode ist gut geeignet, wenn das Machtthema in Supervisionen und Teamentwicklungen angesprochen wird oder wenn der Berater den Eindruck hat, dass Selbst- und Fremdwahrnehmung in Bezug aus Macht sehr unterschiedlich gesehen werden.
- Diese Methode soll nur von Beraterinnen mit genügend gruppendynamischer Erfahrung eingesetzt werden, damit es nicht zu destruktiven Auseinandersetzungen kommt.
- Ebenso soll diese Methode nur nach einer Diskussion des Themas „Macht" im Team, in der Organisation eingesetzt werden, wo besprochen wurde, wie man gemeinsam dieses Thema am besten bearbeiten könnte.
- Die Beraterin hat darauf zu achten, dass keine Verletzungen passieren und die Gruppe reif genug für solche Prozesse ist.

▪ Zeitrahmen

Bei 12 Teilnehmern circa. 4 h

▪ Teilnehmer/innen/zahl

3–16

▪ Material/Medien

Ein Symbol für das Machtzentrum, zum Beispiel ein rotes Kissen, ein großer Sessel.

▪ Methodische Hinweise

Schritt 1

Die Mitglieder des Teams werden gebeten, sich selbst um ein Symbol eines Machtzentrums zu positionieren: Wer steht am Rand der Macht? Wer steht im Zentrum der Macht? Wie wird Macht im Team verkörpert?

Als Variante kann neben dem Selbstaufstellen auch das Fremdaufstellen, also wo in dieser Machtaufstellung werden einzelne Mitarbeiterinnen von anderen Mitarbeitern gesehen, eingesetzt werden.

Schritt 2

Die einzelnen Mitarbeiterinnen werden interviewt, warum sie sich wo positioniert haben und wie sie selber ihre Macht und die Macht der anderen erleben.

Schritt 3
In Kleingruppen arbeiten die Teammitglieder daran, was sie bei dieser Aufstellung überrascht hat und welche Aspekte von Macht sie bis jetzt noch gar nicht bewusst im Team wahrgenommen haben.

Schritt 4
Gemeinsam wird reflektiert was diese Aufstellung und die Ergebnisse der Interviews und der Kleingruppenarbeit für das Team bedeuten können, was sie aus dieser Methode gelernt haben.

■■ Quelle

Petzold (1998, S. 341 f.)

6.22 Machtsculpturing

Ziel der Methode

- Strukturelle Rahmenbedingungen sichtbar und besprechbar machen
- Offene und verdeckte Machtstrukturen in beruflichen Kontexten sollen deutlich sichtbar und erfahrbar werden
- Empowerment der Teilnehmerinnen

Wann einsetzen?

Diese Methode ist gut geeignet, wenn sich Mitarbeiterinnen und Mitarbeiter aufgrund der strukturellen Dynamiken als machtlos und ausgeliefert erleben.

Ziel dieser Methode ist es, strukturelle Rahmenbedingungen sichtbar zu machen, sie besprechen zu können und den eigenen Gestaltungsraum für die Mitarbeiter und Führungskräfte wieder sichtbar werden lassen.

Zeitrahmen

Bei 12 Teilnehmern circa 6 h

Teilnehmer/innen/zahl

8–16

Material/Medien

Ein Symbol für das Team, die Organisation, zum Beispiel ein Kissen, ein Korb, eine Schachtel.

Methodische Hinweise

Schritt 1

Die Mitglieder des Teams werden gebeten, für alle „Mächte", die auf ihr Team, ihre Organisation einwirken, eine Person in geeignetem Abstand um das Symbol des Teams zu gruppieren. Diese gruppierten Personen werden in Mimik, Gestik und Haltung skulpturiert, die die Macht dieses aufgestellten Einflusses am besten ausdrückt.

Nach der Reihe werden alle Einflüsse in dieser Form dargestellt.

Schritt 2

Die nicht gruppierten Teilnehmer haben nun die Aufgabe, sich dieses Machtsculpturing von außen anzusehen und zu diskutieren, wie es auf sie wirkt.

Schritt 3

In diesem Schritt gehen die nicht aufgestellten Teammitglieder an den Platz des Teams in der Aufstellung und lassen die unterschiedlichen Mächte auf sich wirken und informieren, wie es sich anfühlt, hier in diesem Sculpturingprozess ein Teammitglied zu sein.

Schritt 4

Die als „Mächte" sculpturierte Personen melden zurück, wie sie sich in dieser Skulptur fühlen und welche Intentionen diese Skulptur hat.

Schritt 5

Die Skulpturen werden aufgelöst, die Teilnehmerinnen gebeten, ihre Skulpturen wieder loszulassen und gemeinsam wird über das erlebte Reflektiert: Was hat uns überrascht, was war für mich in diesem Sculpturingprozess?

Schritt 6

In Kleingruppen wird daran gearbeitet, wo der Gestaltungsspielraum für das Team liegt und wie man diesen Gestaltungsspielraum am besten nutzen kann.

▪▪ Quelle

Petzold (1998, S. 341 ff.), weiterentwickelt von Pelzmann

6.23 Macht-Ohnmacht-Diagramm

▪ Ziel der Methode

- Offene und verdeckte Machtstrukturen in beruflichen Kontexten sollen deutlich ersichtlich und erfahrbar werden
- Sichtbarmachung der Selbst- und Fremdeinschätzung in Bezug auf „selbstverkörperte“ Macht und „fremdattribuierte“ Mach
- Empowerment der Teilnehmerinnen

▪ Wann einsetzen?

- Diese Methode ist gut geeignet, wenn das Machtthema in Supervisionen und Teamentwicklungen angesprochen wird oder wenn der Berater den Eindruck hat, dass Selbst- und Fremdwahrnehmung in Bezug aus Macht sehr unterschiedlich gesehen werden.
- Diese Methode soll nur von Beratern mit genügend gruppendynamischer Erfahrung eingesetzt werden, damit es nicht zu destruktiven Auseinandersetzungen kommt.
- Ebenso soll diese Methode nur nach einer Diskussion des Themas „Macht“ im Team, in der Organisation eingesetzt werden, wo besprochen wurde, wie man gemeinsam dieses Thema am besten bearbeiten könnte.
- Die Beraterin hat darauf zu achten, dass keine Verletzungen passieren und die Gruppe reif genug für solche Prozesse ist.
- Bereits in der Art und Weise wie in der Vorbereitung dieses Diagramms über Macht und mögliche Dynamiken diskutiert wird, kann Empowerment passieren.

▪ Zeitrahmen

Bei 12 Teilnehmern circa 3 h

▪ Teilnehmer/innen/zahl

3–25

▪ Raum

Genügend großer Raum, damit man in der Vorbereitung mit Farbkarten die beiden Pole „Macht“ und „Ohnmacht“ markieren kann und die Teilnehmer genügend Platz haben, sich zwischen diesen beiden Polen zu gruppieren.

▪ Material/Medien

- Farbkarten
- Stifte

▪ Methodische Hinweise

Schritt 1

Auf der Skala zwischen „Macht“ und „Ohnmacht“ positionieren sich die einzelnen Teilnehmer und stellen sich als „Selbstskulpturen“ auf.

Schritt 2

Die einzelnen Teilnehmer informieren ihre Kolleginnen, warum sie sich wo aufgestellt haben und wie sie selbst ihre Macht sehen.

Schritt 3
Danach werden die einzelnen Teammitglieder von ihren Kollegen auf der Skala aufgestellt (Fremdattribution von Macht).

Schritt 4
Danach werden im Team diskutiert, wie Unterschiede von Selbst- und Fremdattribution zustande kommen, Themen dieser Diskussion könnten zum Beispiel verleugnete macht, Machtansprüche, etc. sein und wie das Team am besten damit umgeht.

■■ Quelle
Petzold (1998, S. 341 f.)

6.24 Führungsbiografie

- **Ziel**

- Auseinandersetzung mit den persönlichen Prägungen als Führungskraft

- **Wann einsetzen?**

- Diese Methode ist gut geeignet, beim Start von Führungskräfteentwicklungen oder beim Start von Supervision- oder Coachingprozessen eingesetzt zu werden. Sinnvoll ist es, diese Methode erst einzusetzen, wenn die Teilnehmergruppe Vertrauen aufgebaut hat und im Team ein Gefühl der Sicherheit herrscht.
- Die Methode ist nicht geeignet in Gruppen verwendet zu werden, in der stark konkurrierende Beziehungen der Teilnehmer zu beobachten sind.

- **Zeitrahmen**

- Zwei Stunden
- Bei größerer Teilnehmerinnenanzahl wird mehr Zeit für die Reflexion in der Gruppe benötigt.

- **Teilnehmer/innen/zahl**

1–12

- **Raum**

Die Teilnehmer haben einen Tisch vor sich, auf dem sie ihre Führungsbiografie schreiben oder zeichnen können.

- **Material/Medien**

- A3 Blätter oder ein halbes Flip Chart Papier für alle Teilnehmer
- Unterschiedliche Stifte (Filzstifte, Buntstifte, Bleistifte, Wachsmalstifte)

- **Methodische Hinweise**

Schritt 1

Die Teilnehmer werden in der Einführung gebeten, ihre Erfahrungen in Bezug auf Führung in ihrer Biografie auszuspüren. Wie sind sie in den unterschiedlichen Phasen ihres Lebens in Bezug auf Führung beeinflusst worden? Welches Führungsverhalten haben sie in den unterschiedlichen Phasen ihres Lebens als positiv oder negativ erlebt.

Schritt 2

- Die Teilnehmer werden gebeten in einer ihnen gemäßen Form die Phasen ihres Lebens am A3 Blatt oder am Flip Chart darzustellen (ZB Kindheit, Pflichtschulzeit, etc.). Dies kann linear und hintereinander passieren, manche Teilnehmer zeichnen auch eine Spirale oder einen Baum und stellen im Rahmen dieser Zeichnung ihre unterschiedlichen Lebensphasen vor.
- Die Teilnehmer haben nun die Aufgabe, zu überlegen, welche Form von Führung sie in den unterschiedlichen Phasen erlebt haben von den Eltern, von größeren Geschwistern, von Lehrenden, von Lehrherren, von Führungskräften etc. Dazu sollen sie dann auch Notizen machen, welche Führung haben sie als positiv und welche als negativ erlebt.

- Ebenso werden die Teilnehmer darauf hingewiesen, dass dieses Biografieblatt bei Ihnen bleibt und nicht im Plenum präsentiert werden muss. Ein weiterer Schritt wird jedoch sein, dass jeder Teilnehmer seine eigenen Prägungen mit einem zweiten Teilnehmer seiner Wahl bespricht.
- Die Teilnehmer bekommen 30 min Zeit, ihre Führungsbiografie zu schreiben oder zu zeichnen und werden gebeten, während dieser Übung nicht miteinander zu sprechen.

Schritt 3

Die Teilnehmer werden gebeten, sich eine zweite Person aus dem Teilnehmerkreis zu suchen, mit der sie ihre Biografiearbeit gerne besprechen würden.

Die beiden bekommen 30 bis 40 min für diese Arbeit in der Dyade und werden gebeten, die Zeit unter beiden Teilnehmern gerecht aufzuteilen.

Schritt 4

Nun erfolgt die Reflexion im Plenum zu in etwa folgenden Fragen:

- Was hat sie gewundert und überrascht im Erstellen ihrer Führungsbiografie?
- Wie hat sich Ihr Bild von guter Führung herausgebildet?
- Wie haben die Erfahrungen ihrer Führungsbiografie ihr eigenes Führungshandeln beeinflusst?
- Wenn diese Methode in der Supervision oder im Coaching eingesetzt wird, nimmt der Supervisor oder Coach die Rolle des zweiten Teilnehmers ein.

▪▪ Quelle

Tradition, Verena Karst

6.25 Unser Wertschöpfungsprozess

▪ Ziel
Ein gemeinsames Bewusstsein für die Bedeutung des (wesentlichen) Wertschöpfungsprozesses gewinnen.

▪ Wann einsetzen
Diese Methode ist geeignet, jährlich eingesetzt zu werden, um mit den Mitarbeitenden den Kernprozess (=Wertschöpfungsprozess) ins Bewusstsein zu holen und gemeinsam Weiterentwicklungspotenziale dazu zu identifizieren.

▪ Zeitrahmen
6 h

▪ Teilnehmer/innen/zahl
2–12

▪ Raum
Geeignet ist ein genügend großer Raum mit Tischinseln für jede Gruppe (3–4 Personen) und einer Pinnwand pro Gruppe.

▪ Material
- Bunte Karten
- Flipchartstifte
- Klebepfeile Post-Its
- Moderationsmaterial

▪ Methodische Hinweise
Schritt 1

Die Teilnehmer werden in der Einführung gebeten in Kleingruppen ihr Bild des wertschöpfenden Prozesses darzustellen. Ihre Aufgabe ist es den Prozess vom Kunden zum Kunden darzustellen und jeden einzelnen Prozessschritt sichtbar zu machen.

Folgende Fragen können Sie den Gruppen mitgeben:
- Wo beginnt der Prozess?
- Woran erkennen wir, dass der Prozess beginnt?
- Wo ist unser Platz und unsere Aufgabe im Prozess?
- Wer gibt wem Handlungsimpulse?
- Wie wird zwischen den einzelnen Projektphasen kommuniziert beziehungsweise die Qualität überprüft?
- Welche Umwelten wirken in den Prozess herein?
- Was sind die wichtigsten Aktivitäten und Verantwortungen in diesem Prozess?
- Wo gibt es im Prozess öfters Schwierigkeiten und/oder Konflikte?
- Welchen Nutzen haben unsere Kunden von unserer Arbeit?
- Was können wir tun, dass dieser Prozess möglichst gut läuft?

Die einzelnen Teilnehmergruppen haben 1,5 h Zeit, sich mit diesen Fragen zu beschäftigen und den Prozess zu visualisieren.

Schritt 2
Die Teilnehmerinnengruppen präsentieren ihre Ergebnisse. Die Teilnehmer stellen Fragen dazu.

Schritt 3
Bilden Sie Querschnittsgruppen aus den Teilnehmergruppen mit dem Auftrag, Maßnahmen zu erarbeiten, dass der Kernprozess möglichst rund und optimal läuft.

Schritt 4
Besprechen Sie die erarbeiteten Maßnahmen und legen Sie gemeinsam nächste Schritte.

Schritt 5
Reflektieren Sie gemeinsam im Plenum, was Sie aus dieser gemeinsamen Analyse des Wertschöpfungsprozesses gelernt haben.

▪▪ Quelle
Nach Ruth Seliger (2014)

6.26 Unser Organisationsauftrag

- **Ziel**
- Reflexion des Auftrags und Gründungsauftrages der Organisation
- Gemeinsam Reflexion über den Sinn und Zweck der Organisation

- **Wann einsetzen?**

Diese Methode ist geeignet, beim Start von Organisationsentwicklungs- und Strategieentwicklungsprozessen eingesetzt zu werden oder auch immer dann, wenn Orientierung benötigt wird.

- **Zeitrahmen**

3 h

- **Teilnehmer/innen/zahl**

2–40

- **Raum**

Wichtig ist ein genügend großer Raum.

- **Material**

Moderationsmaterial

- **Methodische Hinweise**

Schritt 1

Die Teilnehmer werden in der Einführung gebeten, in Kleingruppen folgende Fragen zu beantworten und auf ein Flip Chart zu schreiben:

- Warum gibt es uns als Organisation?
- Warum wurden wir gegründet? Was waren die Gründungsimpulse und Ideen unserer Gründer?
- Worin sehen wir den Auftrag unserer Organisation heute in der Welt?

Die einzelnen Teilnehmergruppen haben 30 bis 45 min Zeit, sich mit diesen Fragen zu beschäftigen und den Prozess zu visualisieren.

Schritt 2

Die Teilnehmerinnengruppen präsentieren ihre Ergebnisse. Die Teilnehmer stellen Fragen dazu.

Schritt 3

Bilden Sie Querschnittsgruppen aus den Teilnehmergruppen mit dem Auftrag, die wichtigsten Stakeholder zu definieren und zu erarbeiten, welchen Nutzen die Organisation für die jeweiligen Stakeholder stiftet.

Dauer: 30–45 min.

Schritt 4
Nach der Präsentation der Gruppenarbeitsergebnisse besprechen Sie die Ergebnisse mit den Teilnehmern und definieren daraus gemeinsam nächste Schlussfolgerungen und Maßnahmen.

Schritt 5
Reflektieren Sie gemeinsam im Plenum, was Sie aus dieser gemeinsamen Betrachtung des Organisationsauftrages gelernt haben.

Im Anschluss an diesen Prozess könnte auch gemeinsam die Vision für die Organisation entwickelt werden:

- Wo wollen wir in 20 Jahren unter besten Rahmenbedingungen stehen?
- Was ist unser schönster Traum von uns als Organisation?

Quelle
Tradition

6.27 Vergangenheit – Gegenwart – Zukunft

■ **Ziel**

Die Teilnehmenden bekommen ein Gefühl über die unterschiedlichen Wirklichkeiten in ihrer Organisation. Es wird klar, dass es eine Verbindung zwischen Vergangenheit, Gegenwart und Zukunft braucht, zusätzliche Handlungsoptionen werden greifbar.

■ **Wann einsetzen?**

Diese Methode ist gut beim Start von Organisationsentwicklungsprozessen einsetzbar oder auch, wenn sich der Organisationsentwicklungsprozess vor einem entscheidenden Meilenstein befindet. Die Bilder der einzelnen Führungskräfte und Mitarbeiter bezüglich Vergangenheit, Gegenwart und Zukunft sind unterschiedlich.

■ **Zeitrahmen**

3–4 h

■ **Teilnehmer/innen/zahl**

Bis 100

■ **Raum**

Genügend großer Raum mit Sesselkreis.

■ **Material/Medien**

- 3 Pinnwände
- 1 Flipchart
- Flipchartstifte

■ **Methodische Hinweise**

Schritt 1

Bildung von drei Arbeitsgruppen (Vergangenheit, Gegenwart, Zukunft) im gleichen Raum. Die Zuteilung der Teilnehmer zur Gruppe erfolgt durch Zufallsprinzip.

Schritt 2

Zunächst erfolgt eine Einzelarbeit der Teilnehmenden und dann ein Gespräch der Teilnehmenden innerhalb der jeweiligen Arbeitsgruppe zu folgenden Fragen:

1. Wie geht es uns als Vergangenheit, Gegenwart und Zukunft in Relation zu den jeweils anderen (spontan, Bilder, dann Hypothesen)?
2. Was beschäftigt uns? Worauf sind wir stolz? Was ist fraglich? Was ist klar? Wie sieht die Balance von Geben und Nehmen aus?
3. Welche Fragen haben wir an die jeweils anderen?

Die Gruppen haben etwa 45 min Zeit für die Einzelarbeit und ihren Austausch untereinander.

Die Ergebnisse ihrer Gruppendiskussion werden stichwortartig auf ihrer Pinwand festgehalten.

Schritt 3
Zwei Gruppen befragen jeweils die dritte. Die dritte Gruppe antwortet. Dies wird reihum fortgesetzt.

Schritt 4
Reflexion in den jeweiligen Gruppen: was sind die „to do's and don'ts" für den Organisationsentwicklungsprozess.

Diese „to do's and don'ts" werden auf der jeweiligen Pinnwand dokumentiert.

Schritt 5
Austausch in Querschnittsgruppen zur Frage: Worauf müssen wir beim Organisationsentwicklungsprozess achten?

▪▪ Quelle
Heitger und Doujak (2002, S. 264 und S. 265)

6.28 Das rote Band

■ **Ziel**

Mit dieser Methode wird den Teilnehmern bewusst, welcher „Übergang" durch eine Organisationsveränderung notwendig sein kann.

■ **Wann einsetzen?**

Diese Methode ist gut geeignet für den Start von Organisationsveränderungsprozessen oder auch, wenn sich der Organisationsentwicklungsprozess vor einem entscheidenden Meilenstein befindet. Das Neue ist noch unvertraut, der Übergang beschäftigt viele Führungskräfte und Mitarbeiter.

■ **Zeitrahmen**

3 h

■ **Teilnehmer/innen/zahl**

Bis 40

■ **Raum**

Genügend großer Raum ohne Sessel.

■ **Material/Medien**

- Rotes Band
- Schere
- Moderationsmaterial

■ **Methodische Hinweise**

Schritt 1

Der Raum wird mit einem roten Band in der Hälfte abgetrennt. Die Felder sind mit „alt" und „neu" ausgeschildert. Die Teilnehmer befinden sich alle im Feld „alt".

Schritt 2

Kleingruppen diskutieren zu folgenden Leitfragen:

- Worauf sind wir stolz? Wo sind wir einzigartig?
- Was wollen wir mitnehmen/übertragen/erhalten?
- Was werden wir zurücklassen, wovon verabschieden wir uns?

In kurzen Statements werden die unterschiedlichen Standpunkte im Plenum ausgetauscht?

Schritt 3

Das rote Band wird offiziell durchgeschnitten: jeder geht einzeln von „alt" nach „neu" und kommentiert aus seiner Sicht: „Was bedeutet dieser Übergang für mich?"

Schritt 4

In Gruppen wird eine Zusammenfassung ausgearbeitet und dann im Plenum verdichtet.

■■ **Quelle**

Heitger und Doujak (2002, S. 285 und S. 286)

6.29 Diagnose der Kernkompetenzen

- **Ziel**

Herausarbeiten der Kernkompetenzen eines Teams oder einer Organisation

- **Wann einsetzen?**

Diese Methode ist geeignet, beim Start von Organisationsentwicklungs- und Strategieentwicklungsprozessen eingesetzt zu werden. Oder auch immer dann, wenn auf bisherige Erfolge geschaut werden möchte, um klarer zu bekommen, welche Stärken und vor allem welche Kernkompetenzen das Team oder die Organisation mitbringt.

- **Zeitrahmen**

Bis zu 3 h

- **Teilnehmer/innen/zahl**

2–40

- **Raum**

Wichtig ist ein genügend großer Raum.

- **Material**

Moderationsmaterial, Pinnwand, Arbeitsblatt mit den unten stehenden Fragen

- **Methodische Hinweise**

Schritt 1

Die Teilnehmer erarbeiten zunächst in Einzelarbeit Antworten zu folgenden Fragen (Arbeitsblatt):

- Erfolge der Vergangenheit
  - Was waren die erfolgreichsten Produkte/Dienstleitungen und Projekte der letzten Jahre?
  - Welche Faktoren waren aus unserer Sicht für diesen Erfolg ausschlaggebend?
  - Für welche KundInnenprobleme haben wir besonders gute Lösungen gefunden?
- Der unterscheidbare KundInnennutzen
  - Wie würden die KundInnen den wesentlichen Nutzen unserer Produkte/Dienstleistungen beschreiben?
  - Warum sind die KundInnen bereit, für ein bestimmtes Produkt/eine bestimmte Dienstleistung von uns mehr zu bezahlen? Welcher Nutzen ist den KundInnen am wichtigsten?
- Analyse einzelner Geschäftsprozesse
  - Auftragsabwicklung, Leistungserstellung, KundInnenbindung, Managementprozesse usw.
- Unterschiede zu den MitbewerberInnen
  - Wie beschreiben unsere KundInnen den Unterschied zwischen uns und unseren MitbewerberInnen? Was können wir ihrer Ansicht nach besser?
  - Wie würden die MitbewerberInnen diesen Unterschied beschreiben? Wie denken sie über uns?
  - Was versucht man von uns zu kopieren? Werden wir für etwas beneidet?

- Ausbaufähigkeit unserer Kernkompetenzen
  - Haben die bisher angedachten Kernkompetenzansätze das Potenzial für neue Produkte/Dienstleistungen?
  - Welche Kernkompetenzen werden in unserem Geschäft voraussichtlich in den nächsten Jahren eine Voraussetzung für den Erfolg bilden?
- Gegencheck durch die „produktive Kraft der Negation"
  - Welche Aufträge haben wir nicht bekommen? Warum?
  - Was waren die schmerzlichsten Misserfolge der letzten Jahre? Worauf waren diese zurückzuführen?
  - Wie könnten wir es anstellen, unsere Organisation ganz sicher zu ruinieren?

Schritt 2

Die Teilnehmer schließen sich zu Kleingruppen von 4–6 Personen zusammen und präsentieren einander ihre Ergebnisse. Gemeinsames wird in die Grafik eingetragen.

Alternative bei kleinen Gruppen: Diese Arbeitsphase findet im Plenum statt. Die Grafik wird von der Beraterin/dem Berater auf einem Plakat vorbereitet, die Teilnehmenden füllen Ihre Ergebnisse ein (■ Abb. 6.1).

Schritt 3

Wenn in Kleingruppen gearbeitet wurde, können im nächsten Schritt (je nach Gruppengröße) ggf. 2 Kleingruppen miteinander verschränkt werden. Je nach Gruppengröße kann dies auch nochmals wiederholt werden, bis die letzte Runde im Plenum stattfindet und auf einem großen Plakat die gemeinsam erkannten Kernkompetenzen in die Grafik eingetragen werden.

Fähigkeiten aus Der Erfolgsanalyse	Interne Prozesskompetenzen
Fähigkeiten aus der Kunden- und Wettbewerbsperspektive	Fähigkeiten, die auch ausbaufähig ist
Ansatzpunkte für mögliche Kernkompetenzen	

■ **Abb. 6.1** Grafik Kernkompetenzen. (Quelle: Nagel 2007)

Schritt 4
Nach der Präsentation der Gruppenarbeitsergebnisse besprechen Sie die Ergebnisse mit den Teilnehmern und definieren daraus gemeinsam nächste Schlussfolgerungen und Maßnahmen, etwa die Initiierung eines Strategieentwicklungsprozesses.

Schritt 5
Reflektieren Sie gemeinsam im Plenum, was die Teilnehmenden aus dieser gemeinsamen Erarbeitung der Kernkompetenzen des Teams oder der Organisation gelernt haben.

■ ■ Quelle

Nagel (2007)

6.30 Wertschätzendes Interview

▪ Ziel
Mit dieser Methode wird auf Fähigkeiten und Potenziale eines Teams oder einer Organisation fokussiert, um diese zutage zu fördern. Es wird Positives und das, was funktioniert, in den Blick genommen.

▪ Wann einsetzen?
Diese Methode ist gut geeignet für den Start von Organisationsveränderungsprozessen. Grundannahmen dabei sind, dass jedes Team und jede Organisation Potenziale hat, die brachliegen und dass Systeme sich in die Richtung entwickeln, auf welche sich die Aufmerksamkeit richtet.

▪ Zeitrahmen
2 h bis 3 Tage

▪ Teilnehmer/innen/zahl
16–500

▪ Raum
Genügend großer Raum.

▪ Material/Medien
Arbeitsblatt mit Interviewfragen und Platz für Notizen

▪ Methodische Hinweise
Schritt 1

Die Teilnehmenden finden sich zu zweit zusammen.

Sie interviewen sich in der Folge gegenseitig. Pro Interview ist 30 min Zeit, plus 10 min für die gemeinsame Reflexion (Wie war es?).

Sie erklären zunächst die Methode und auch die Haltung, die beim Interview wichtig ist: Neugier statt Debatten. Offene Fragen stellen. Zu 90 % redet der/die Befragte. Pausen zum Nachdenken sind in ok und wichtig.

Das Arbeitsblatt enthält beispielsweise folgende Fragen (diese können je nach Auftrag bzw. Fragestellung und Team bzw. Organisation variiert werden):
- Beschreiben Sie eine Begebenheit oder Situation, in der Sie die Zusammenarbeit im Team (oder ein anderes Thema, je nach Auftrag) für sich als besonders gelungen empfunden haben.
- Um welche Situation/Aufgabenstellung für das Team ging es?
- Was waren Ihre Motive und Ziele für die Teamarbeit?
- Wer war beteiligt?
- Wie waren die Umstände? Wie verlief der Prozess der Zusammenarbeit (auch im Kopf, in der Wahrnehmung)?
- Was war Ihre Rolle?
- Was waren die Rollen der anderen? Was haben Sie/die anderen getan?
- Wie fühlten Sie sich?

- Woran haben Sie gemerkt, dass die Teamzusammenarbeit wirklich gelungen ist?
- Etc.

Schritt 2
Im nächsten Schritt filtern die Interviewpaare auf Basis der beiden Interviews Bedingungen, Ursachen und/oder Faktoren heraus, die zum Gelingen der Teamzusammenarbeit beigetragen haben und notieren diese.

Schritt 3
Danach arbeiten je 2 Interviewpaare zusammen und fügen ihre Faktoren für eine gelingende Teamzusammenarbeit in einem MindMap (halbes Flipchartpapiert) zusammen. Dieser Schritt kann je nach Gruppengröße mehrfach wiederholt werden, sodass immer ein neues, gemeinsames MindMap entsteht.

Schritt 4
Im Plenum erfolgt der letzte Schritt, es werden die Faktoren gelingender Teamzusammenarbeit auf Basis der letzten beiden MindMaps gesammelt.

Darauf aufbauend können die nächsten Maßnahmen geplant werden.

▪▪ Quelle
Tradition: Appreciative Inquiry (Ursprünglich von David L Cooperrider und Diana Whitney entwickelt).

6.31 Diagnose und Maßnahmenplan

▪ Ziel

Mit dieser Methode werden zunächst Stärken und Schwächen in Bezug auf das Thema herausgearbeitet. Danach werden die Zielsetzungen für die Zukunft formuliert und es kann ein Maßnahmenplan erstellt werden.

▪ Wann einsetzen?

Diese Methode ist gut geeignet, wenn es darum geht, relativ zügig die Diagnose zu erstellen und daraus anschließend Zielsetzung und Maßnahmen zu erarbeiten.

▪ Zeitrahmen

1–3 h

▪ Teilnehmer/innen/zahl

2–20

▪ Raum

Genügend großer Raum.

▪ Material/Medien

Plakat auf Pinnwand mit den unten genannten Punkten.

▪ Methodische Hinweise

Schritt 1

Auf einer Pinnwand haben Sie ein Schema vorbereitet (◘ Abb. 6.2). Dabei sind zunächst nur Bestandsaufnahme, Stärken und Schwächen zu sehen, die anderen Punkte sind noch verdeckt.

Schritt 2

Im nächsten lassen Sie in Kleingruppen auf Moderationskarten Inhalte zu den Stärken und zu den Schwächen erarbeiten.

Schritt 3

Im Plenum werden diese in das Plakat gefügt.

Schritt 4

In Kleingruppen werden Zielsetzungen erarbeitet.

Schritt 5

Die Ergebnisse aus dieser Arbeitsphase werden dann im Plenum mit allen abgeglichen und die gemeinsamen Zielsetzungen werden in das Plakat an der Pinnwand geschrieben.

Schritt 6

In Kleingruppen (ev. hier auch eine Durchmischung der Gruppen machen) werden dann Vorschläge für Maßnahmen erarbeitet.

Bestandsaufnahme			
Stärken: Das funktioniert gut!		**Schwächen**: Da gibt es Entwicklungspotenzial	
Zielsetzung			
Maßnahmenplan			
Was ist zu tun?	Wer macht es?	Bis wann?	Info an wen?

Abb. 6.2 Bestandsaufnahme, Zielsetzung und Maßnahmenplan

Schritt 7

Diese Vorschläge werden im Plenum akkordiert und die Vereinbarungen werden am Plakat festgehalten.

Schließlich wird vereinbart, wann durch wen und in welcher Form die Umsetzung der Maßnahmenpläne überprüft wird.

Quelle

Zech (2010)

Literatur

Heitger, B., & Doujak, A. (2002). *Harte Schnitte, neues Wachstum. Die Logik der Gefühle und die Macht der Zahlen im Changemanagement* (S. 285–286). Frankfurt a. M.: Redline Wirtschaft.

Nagel, R. (2007). *Lust auf Strategie*. Stuttgart: Klett Cotta.

Petzold, H. G. (1998). *Integrative Supervision, Meta-Consulting & Organisationsentwicklung. Modelle und Methoden reflexiver Praxis. Ein Handbuch* (Bd. I). Paderborn: Junfermann.

Reichel, R. (2010). Methoden, Übungen, Spiele, Techniken, Tools. Eine Analyse des Handwerkskoffers für Supervision und Coaching. In W. Knopf & I. Walther (Hrsg.), *Beratung mit Hirn*. Wien: Facultas.

Reichel, R., & Rabenstein, R. (2001). *kreativ beraten. Methoden, Modelle, Strategien für Beratung, Coaching und Supervision*. Münster: Ökotopia.

Seliger, R. (2014). *Positive Leadership* (S. 143–144). Stuttgart: Schäfer-Pöschel.

Strümpf, B. (2007). *Das Konzept der fünf Säulen der Identität der Integrativen Supervision und seine Bedeutung für die Netzwerkarbeit – dargestellt am Beispiel eines Workshops mit einem Unternehmens-Netzwerk*. Master Thesis, Donau-Universität Krems.

Zech, R. (2010). *Handbuch Management in der Weiterbildung*. Weinheim: Beltz.

The manufacturer's authorised representative in the EU is Springer Nature Customer Service Centre GmbH, Europaplatz 3, 69115 Heidelberg, Germany. If you have any concerns regarding our products, please contact ProductSafety@springernature.com

Printed and bound by CPI Group (UK) Ltd, Croydon, CR0 4YY
27/04/2026
02097655-0017